좀 한다는 소리 듣는

고급진
회화표현
100

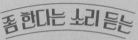

니다
잉

자,
아래의 말은 대체 무슨 뜻일까요?

A
skeleton
in one's closet

영어 단어를 어느 정도 알고 계신 분들이라면,
아래와 같은 뜻을 떠올려 볼 수 있을 것입니다.

a skeleton = 해골, closet = 벽장
a skeleton in one's closet = 벽장에 든 해골

하지만 애석하게도 저 표현은
영어권 국가에선 아래와 같은 의미로 사용합니다.

말 못할(숨기고 싶은) 엄청난 비밀

"아니, 어째서 저게 저런 뜻이 되는 거야?"

'A skeleton in one's closet'과 같은 표현들은
단순히 문법, 단어 뜻만 가지고서는 이해할 수 없습니다.
바로 표현이 나오게 된 '문화적, 역사적 유래'를 알아야 합니다.

"표현이 탄생하게 된 스토리를 알아야 한다!"

예를 들어, 'A skeleton in one's closet'은
누군가 '벽장(closet)'에 숨겨 놓았던 살해된 시신이
'해골(skeleton)'이 된 채 발각된 것에서 유래되었다고 합니다.
즉, 해골과 벽장이 아래와 같은 의미로 확장된 것이죠.
a skeleton = 해골 → 말 못할 엄청난 비밀
closet = 벽장 → 비밀을 숨긴 은밀한 곳

A skeleton in one's closet

(은밀한 곳에 감춘) 말 못할 엄청난 비밀

"원어민들이 밥 먹듯 쓰는 맛깔나는 회화 표현 100개"

이외에도
'Brain fart, Brown nose, Cut the mustard'
직역하면 '뇌 방귀, 갈색 코, 머스터드를 자르다'
위 표현들을 원어민들이 실제 어떤 뜻으로 쓰는지 궁금하지 않으세요?
자, 그럼 이제부터 내 영어의 수준을 한 단계 끌어올려 줄
고급진 회화 표현 100개, 즐겁게 배워 보도록 할까요?

① Learn 표현 익히기

'Brain fart, Brown nose, Let the cat out of the bag'과 같이 영어를 좀 더 맛있게 말할 수 있도록 해 주는 표현 100개를 학습합니다. 이 같은 표현들은 표현이 탄생하게 된 문화적, 역사적 배경을 알아야 그 뜻을 제대로 이해할 수 있기 때문에 표현의 유래를 마치 옛 이야기를 들려 주듯 재미있게 설명하였습니다.

영어 좀 한다는 소리 듣는 고급진 회화 표현

001

A fish out of water

물 밖에 있는 물고기? (X)

적응을 못해 불편해하는 사람

'a fish out of water'라는 표현은 말 그대로 '물 밖에(out of water)' 있는 '물고기(fish)' 를 상상하시면 됩니다. 물고기는 물 속에서 산소를 호흡하며 생존하기 때문에 물 밖에 나오면 죽게 됩니다. 따라서 'a fish out of water'라는 표현이 '(자신이 있지 말아야 할 곳에 있어 위기에 처한) 물 밖에 나와 있는 물고기 = (낯선 환경에 던져져) 적응을 못해 불편해하는 사람 = 뭐다 놓은 보릿자루'를 뜻하게 되었다고 보시면 됩니다. 이 표현은 서기 373년 전 St. Athanasius가 인간을 묘사할 때 처음으로 사용하였으며, 14세기경엔 다양한 작품 속에서 이 같은 사람이나 상황을 지칭하는 비유적 표현으로 많이 쓰였다고 전해집니다.

18

> 표현을 묘사한 재치 있는 삽화가 함께 수록되어 있어 눈이 지루하지 않아요.

> 표현이 왜 이런 뜻을 갖게 되었는지 옛 이야기를 들려 주듯 자세히 설명했어요.

② Write 문장 필기하기

표현을 익힌 후엔 표현이 들어간 예문을 보며 실제 배운 표현을 어떻게 써먹으면 되는지 그 활용법을 파악하고, 그 뒤엔 문장 1개를 스스로 영작해 봅니다. 또한 예문과 영작한 문장을 직접 두 번씩 필기할 수 있는 필기 공간이 마련되어 있으니 정성껏 한 줄 한 줄 필기를 하며 머릿속에 단단히 새겨 넣으세요.

① 아래의 예문을 읽고 두 번씩 써 보며 표현의 쓰임새를 정확히 파악하세요.

I felt like a fish out of water
because I didn't know anyone in the group.

나 모임에서 아는 사람이 한 명도 없어서
마치 뭐다 놓은 보릿자루 같은 기분이었어.

어휘: I felt like ~ 난 마치 ~한 기분이었다 / in the group 그룹

▶ Rachel, this is a party. Just let your hair down
and enjoy it as much as you can.

▶ Rachel, this is a party. Just let your hair down

예문을 보며
표현의 사용법을
익힌 다음 예문을
두 번씩 필기해
볼 수 있어요.

② 아래의 문장을 스스로 영작해 보고, 정답 확인 후 다시 한 번 써 보세요.

걘 새로운 학교로 전학 갔을 때
적응을 못하고 불편해했었어.

어휘: transfer to ~으로 이동(전근, 전학)하다 / new school 새로운 학교

▶

정답: He(She) was like a fish out of water
when he(she) transferred to a new school.

▶

표현을
활용해 스스로
영작해 본 다음 이를
두 번씩 필기해
볼 수 있어요.

❸ Test 영작 테스트 치르기

표현을 10개씩 학습하고 나면 10개의 표현을 얼마나 잘 익혔고 이를 얼마나 잘 써먹을 수 있는지 체크해 볼 수 있는 '영작 테스트' 섹션이 제공됩니다. 테스트에 나오는 문장들은 모두 영작 연습을 이미 해 보았던 문장들이기 때문에 실력 점검과 더불어 배웠던 내용을 다시금 되새길 수 있어 효과적입니다.

TEST 001-010

001 나 모임에서 아는 사람이 한 명도 없어서
마치 꿔다 놓은 보릿자루 같은 기분이었어.
▶ I felt like a fish out of water
because I didn't know anyone in the group.

002 저는 전에 그분을 만나 뵌 적이 없어 긴장했지만,
서로 어색함을 깨기까진 그리 오래 걸리지 않았어요.
▶ I've never met him(her) before so I was nervous,
but it wasn't long until we broke the ice.

003 Rachel, 이건 파티야.
그냥 긴장 풀고 즐길 수 있을 만큼 최대한 즐기도록 해.
▶ Rachel, this is a party. Just let your hair down

004 오늘 우리 측에 중요한 손님이 오시니까
그분께 잘 보이는 게 중요해요.
▶

005 감언이설로 내게 아부 떨지 마, 그거 나한텐 안 통해.
그냥 뭘 원하는지 내게 말해.
▶

18

영작 테스트를
통해 표현들을
얼마나 잘 익혔는지
스스로 확인해
볼 수 있어요.

④ Speak mp3 듣고 따라 말하기

표현 100개 및 예문 200개를 '유튜브 mp3 연속 재생 동영상'을 보고 들으며 직접 따라 말하는 연습까지 해 보도록 하세요. (하단의 QR코드를 스캔하시면 연결됩니다.)

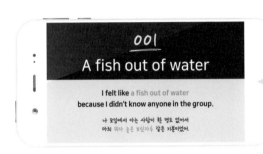

_001_
A fish out of water

I felt like a fish out of water
because I didn't know anyone in the group.

나 모임에서 아는 사람이 한 명도 없어서
마치 뭍다 놓은 붕어처럼 같은 기분이었어.

⑤ Check 학습 현황 체크하기

표현을 1개씩 마스터할 때마다 학습 현황 체크 일지에 학습을 제대로 끝냈다는 체크 표시를 하며 자신의 진도 현황을 파악하고 공부 의지도 다잡도록 하세요.

Ch.2	011	012	013	014	015
	◯	◯	◯		
	016	017	018	019	020
		암지 TEST 결과 :	/ 20		

> 표현 1개를
> 마스터할 때마다
> 왼쪽과 같이
> 학습 완료 체크
> 표시를 하세요.

Contents
목차

Chapter 1

Chapter 2

Chapter 3

Chapter 4

Chapter 5

Chapter 6

Chapter 7

Chapter 8

Chapter 9

Chapter 10

Index 100

Daily Check
학습 현황 체크 일지

무엇을 공부하든 가장 중요한 것은, 한번 시작한 건 끝까지 제대로 해내겠다는 '자신과의 약속'을 지키는 것입니다. 따라서 본 교재는 고급진 회화 표현 100개를 공부해 나가면서 표현 한 개를 마스터할 때마다 아래에 나와 있는 '학습 현황 체크 일지'에 학습을 제대로 끝냈다는 체크 표시를 하게끔 하였고, 이를 통해 자신의 학습 현황을 꼼꼼하게 체크하고 학습 의지 또한 끝까지 다져 나갈 수 있도록 하였습니다. 표현 100개는 목차의 순서대로 공부해 나가도 되며, 또는 목차 순서에 상관없이 자신이 공부하고 싶은 표현들부터 공략해 나가셔도 좋습니다.

	001	002	003	004	005
Ch.1					
	006	007	008	009	010
	영작 TEST 결과 : ___ / 20				

	011	012	013	014	015
Ch.2	016	017	018	019	020
	영작 TEST 결과 : _____ / 20				
	021	022	023	024	025
Ch.3	026	027	028	029	030
	영작 TEST 결과 : _____ / 20				
	031	032	033	034	035
Ch.4	036	037	038	039	040
	영작 TEST 결과 : _____ / 20				

	041	042	043	044	045
Ch.5					
	046	047	048	049	050
		영작 TEST 결과 : ___ / 20			
	051	052	053	054	055
Ch.6					
	056	057	058	059	060
		영작 TEST 결과 : ___ / 20			
	061	062	063	064	065
Ch.7					
	066	067	068	069	070
		영작 TEST 결과 : ___ / 20			

	071	072	073	074	075
Ch.8					
	076	077	078	079	080
	영작 TEST 결과 : _____ / 20				
	081	082	083	084	085
Ch.9					
	086	087	088	089	090
	영작 TEST 결과 : _____ / 20				
	0901	092	093	094	095
Ch.10					
	096	097	098	099	100
	영작 TEST 결과 : _____ / 20				

스스로에게
다짐합니다.

저는 이 책을 매일 같이 가지고 다니며
하루에 표현 한 개씩 꾸준히 포기하지 않고
열심히 익히고 쓰며 공부할 것을 다짐합니다.
만약 이 간단한 약속조차 지키지 못해
다시금 작심삼일이 될 경우,
이는 내 자신의 의지가 이 작은 것도 못 해내는
부끄러운 사람이란 것을 입증하는 것임을 알고,
내 스스로에게 부끄럽지 않도록
이 책을 끝까지 공부해 낼 것을
스스로에게 굳건히 다짐합니다.

_____ 년 ___ 월 ___ 일

이름: _____

CHAPTER

1

001

A
fish
out of water

물 밖에 있는 물고기? (X)

적응을 못해 불편해하는 사람

'a fish out of water'라는 표현은 말 그대로 '물 밖에(out of water)' 있는 '물고기(fish)'
를 상상하시면 됩니다. 물고기는 물 속에서 산소를 호흡하며 생존하기 때문에 물 밖
에 나오면 죽게 됩니다. 따라서 'a fish out of water'라는 표현이 '(자신이 있지 말아야
할 곳에 있어 위기에 처한) 물 밖에 나와 있는 물고기 = (낯선 환경에 던져져) 적응을
못해 불편해하는 사람 = 꿔다 놓은 보릿자루'를 뜻하게 되었다고 보시면 됩니다. 이
표현은 서기 373년 전 St. Athanasius가 인간을 묘사할 때 처음으로 사용하였으며,
14세기경엔 다양한 작품 속에서 이 같은 사람이나 상황을 지칭하는 비유적 표현으로
많이 쓰였다고 전해집니다.

① 아래의 예문을 읽고 두 번씩 써 보며 표현의 쓰임새를 정확히 파악하세요.

I felt like a fish out of water
because I didn't know anyone in the group.

나 모임에서 아는 사람이 한 명도 없어서
마치 꿔다 놓은 보릿자루 같은 기분이었어.

어휘: I felt like ~ 난 마치 ~한 기분이었다 / in the group 그룹(모임)에서

▶

▶

② 아래의 문장을 스스로 영작해 보고, 정답 확인 후 다시 한 번 써 보세요.

걔 새로운 학교로 전학 갔을 때
적응을 못하고 불편해했었어.

어휘: transfer to ~ ~으로 이동(전근, 전학)하다 / new school 새로운 학교

▶

정답: He(She) was like a fish out of water

when he(she) transferred to a new school.

▶

002

Break the ice

얼음을 깨다? (X)

서먹서먹한 분위기를 깨다

일부에서는 'break the ice'가 1800년대에 북극을 지나다니던 증기 쇄빙선이 '얼음 (ice)'을 '깨며(break)' 길을 만들어 나아가던 것에서 'break the ice = (없던 길을 만들기 위해) 얼음을 깨다 = 길(방향)을 구축하다'라는 뜻으로 쓰였다고 하는데, 추후 이 것이 '얼음으로 뒤덮인 북극 = 뭘 할 수가 없는 서먹서먹한 분위기 / (길을 만들기 위해) 얼음을 깨다 = (부드러운 분위기를 만들기 위해) 서먹서먹한 분위기를 깨다'와 같이 쓰이게 됐다고 합니다. 하지만 이 표현이 이미 1678년 Samuel Butler의 시에서 '서먹서먹한 분위기를 깨다'라는 의미로 쓰였다는 주장이 있어 증기 쇄빙선이 최초의 유래가 아니라는 말도 있습니다.

① 아래의 예문을 읽고 두 번씩 써 보며 표현의 쓰임새를 정확히 파악하세요.

I started my speech with some humor
to break the ice with the audience.

전 청중들과의 어색함을 깨기 위해
몇 가지 유머로 연설을 시작했어요.

어휘: speech 연설 / with some humor 몇 가지 유머로 / audience 청중

▶

▶

② 아래의 문장을 스스로 영작해 보고, 정답 확인 후 다시 한 번 써 보세요.

저는 전에 그분을 만나 뵌 적이 없어 긴장했지만,
서로가 어색함을 깨기까진 그리 오래 걸리지 않았어요.

어휘: nervous 긴장한 / it wasn't long until ~ ~까지 그리 오래 걸리지 않았다

▶

정답: I've never met him(her) before so I was nervous,

but it wasn't long until we broke the ice.

▶

Let one's hair down

머리를 아래로 내리다? (X)

긴장을 풀다, 스스럼없이 되다

'let one's hair down'이라는 표현은 말 그대로 '머리카락(hair)'에서 유래되었습니다. 오래 전 여성들은 밖에 있을 때 머리를 위로 올려 고정한 헤어 스타일을 하고 있었다고 합니다. 하지만 집에 돌아왔을 땐 위로 올리고 있던 머리를 풀고 '아래로 내려(let down)' 편히 있었다고 하는데요. 따라서 이로부터 'let one's hair down = (집으로 돌아와 하루 종일 올리고 있던 머리를 풀고 편히 있기 위해) 머리를 아래로 내리다 = 긴장을 풀다, 스스럼없이 되다'라는 표현이 유래되었다고 보시면 됩니다. 이 표현은 19세기부터 쓰이기 시작했다고 전해지는데, 처음엔 'let down the back hair'라는 형태로 썼다고 합니다.

① 아래의 예문을 읽고 두 번씩 써 보며 표현의 쓰임새를 정확히 파악하세요.

Rachel, this is a party. Just let your hair down and enjoy it as much as you can.

Rachel, 이건 파티야. 그냥 긴장 풀고
즐길 수 있을 만큼 최대한 즐기도록 해.

어휘: V as much as you can ~할 수 있는 만큼 최대한 ~하다

▶

▶

② 아래의 문장을 스스로 영작해 보고, 정답 확인 후 다시 한 번 써 보세요.

나 어젯밤 회식 때 완전히 긴장이 풀려서
하지 말았어야 할 것 같은 얘기들까지 했어.

어휘: work dinner 회식 / shouldn't have p.p. ~하지 말았어야 했다

▶

정답: I really let my hair down at the work dinner last night

and said some things I probably shouldn't have.

▶

004

Butter someone up

누군가의 몸 위에 버터를 바르다? (X)

~에게 잘 보이다, ~에게 사탕발림하다

'butter someone up'이란 표현이 '~에게 잘 보이다, ~에게 사탕발림하다'를 뜻하게 된 걸 잘 이해할 수 있게 해 주는 유래가 한 가지 있습니다. 바로 빵 표면 '위(up)'에 '버터(butter)'를 펴 발라서 먹게 되면 빵을 좀 더 맛있게 먹을 수 있게 되는 것이 마치 누군가에게 듣기 좋은 말을 해서 그 사람의 기분을 좋게 만들어 뭔가 이득을 얻을 수 있게 되는 것과 비슷해 'butter up'이라는 말이 '잘 보이다, 사탕발림하다'라는 뜻을 갖게 되었다는 것입니다. 그러니까 곧 '버터를 펴 바르는 것 = 듣기 좋은 말을 하는 것 / 버터를 발라 빵이 맛있어 지는 것 = 듣기 좋은 말을 들은 사람의 기분이 좋아지는 것'이라고 이해하면 되겠죠?

① 아래의 예문을 읽고 두 번씩 써 보며 표현의 쓰임새를 정확히 파악하세요.

We have an important client coming in today
and it's important to butter him(her) up.

오늘 우리 측에 중요한 손님이 오시니까
그분께 잘 보이는 게 중요해요.

어휘: client 손님 / come in 오다 / it's important to V ~하는 게 중요하다

▶

▶

② 아래의 문장을 스스로 영작해 보고, 정답 확인 후 다시 한 번 써 보세요.

Katie 씨는 상사에게 사탕발림을 잘해.
그리고 그 사람은 대부분 이런 식으로 승진을 하지.

어휘: be good at V-ing ~하는 것을 잘하다 / that's how A ~ A는 이런 식으로 ~한다

▶

정답: Katie is good at buttering up her boss

and that's how she mostly gets promoted.

▶

005

Brown nose

갈색 코? (X)

아첨꾼, 아첨(아부)하다

'brown nose'라는 표현은 1930년대 후반 군대에서 유래되었다고 전해집니다. 이 표현은 이와 동일한 의미를 가진 'ass-kissing'이란 표현과 연관 지어 생각하면 더 쉽게 이해할 수 있는데요. 누군가에게 잘 보이기 위해 그 사람의 '엉덩이(ass)'에 '뽀뽀(kissing)'까지 할 정도로 알랑거리는 모습을 떠올려 보세요. '코(nose)'를 엉덩이에 박고 뽀뽀하게 되면 엉덩이의 배설물이 코에 묻어 '갈색(brown)'이 되는, 다소 더러운 모습까지도 상상할 수 있겠죠? 따라서 이로부터 'brown nose = (엉덩이에 뽀뽀까지 할 정도로 알랑거리다 변이 묻은) 갈색 코 = 아첨꾼, 아첨(아부)하다'라는 표현이 유래되었다고 보시면 됩니다.

① 아래의 예문을 읽고 두 번씩 써 보며 표현의 쓰임새를 정확히 파악하세요.

He's(She's) such a brown nose
so he(she) will probably get the promotion.

그 사람 완전 아첨꾼이라서
아마 승진하게 될 거야.

어휘: probably 아마도 / get the promotion 승진하다

▶

▶

② 아래의 문장을 스스로 영작해 보고, 정답 확인 후 다시 한 번 써 보세요.

감언이설로 내게 아부 떨지 마.
그거 나한텐 안 통해. 그냥 뭘 원하는지 내게 말해.

어휘: sweet talk 감언이설, 듣기에 좋은 말 / work 효과가 있다

▶

정답: Don't brown nose me with sweet talk.

It doesn't work for me. Just tell me what you want.

▶

As
thick
as thieves

도둑들만큼 두꺼운? (X)

(의심스러울 정도로) 아주 친밀한

우선 'as thick as thieves'라는 표현에서 'thick'은 '두꺼운'이 아닌 '친밀한'이라는 뜻으로 쓰였다는 것부터 아셔야 합니다. 그런데 왜 하필 '도둑들(thieves)'만큼 친밀하다고 표현한 것일까요? 1800년대 중반 영국에서는 도둑들끼리 서로 간에만 통할 수 있는 비밀스러운 언어(ex: backslang = 단어를 거꾸로 읽는 속어, 예를 들어 'boy'는 'yob'이라고 표현)를 사용하며 긴밀히 소통하고 함께 활동했다고 합니다. 따라서 이로부터 'as thick as thieves = (서로 간에만 통하는 비밀스러운 언어를 사용하며 함께 할 정도로 가까운) 도둑들만큼 친밀한 = (의심스러울 정도로) 아주 친밀한'이라는 표현을 쓰게 되었다고 보시면 됩니다.

① 아래의 예문을 읽고 두 번씩 써 보며 표현의 쓰임새를 정확히 파악하세요.

Rachel and Kevin are as thick as thieves.
They go everywhere together.

Rachel하고 Kevin은 진짜 너무 친해.
걔들은 어디든 같이 간다니까.

어휘: go everywhere together 어디든 같이(함께) 가다

▶

▶

② 아래의 문장을 스스로 영작해 보고, 정답 확인 후 다시 한 번 써 보세요.

저 둘은 굉장히 친해. 네가 저 중 한 명한테 말하면
다른 한 명이 단 몇 분 만에 알게 될 걸.

어휘: the other 다른 한 명 / within a few minutes 단 몇 분 만에

▶

정답: Those two are as thick as thieves. If you tell one of them

the other will know within a few minutes.

▶

007

Pull one's leg

누군가의 다리를 잡아당기다? (X)

~을 놀리다, ~에게 농담하다

'pull one's leg'라는 표현의 유래에 대해서는 몇 가지 설이 있는데요. 그 중 잘 알려진 것 하나는 바로 도둑이 '줄(wire)' 등을 이용해 사람들의 '한쪽 다리(leg)'를 '잡아당겨 (pull)' 넘어지게 한 다음 이들이 정신 없어 하는 사이 도둑질을 했다는 것에서 'pull one's leg = ~의 다리를 잡아당기다 = (그렇게 함으로써) ~을 넘어지게 만들어 골탕 먹이다 = ~을 놀리다, ~에게 농담하다'와 같은 뜻이 되었다는 설입니다. 그리고 꼭 이 같은 설이 아니더라도, 누군가를 골리려고 한쪽 다리를 휙 잡아당겨 그 사람이 엉 거주춤하다 넘어지는 장면을 상상하며 킥킥 웃는 자신의 모습을 상상하면 이해하기 가 훨씬 쉽겠죠?

① 아래의 예문을 읽고 두 번씩 써 보며 표현의 쓰임새를 정확히 파악하세요.

Why are you so mad? I'm just pulling your leg.
You used to have a sense of humor.

너 왜 이렇게 화를 내? 나 그냥 너한테 농담하는 거야.
너 예전엔 유머 감각이 있었잖아.

어휘: mad 몹시 화가 난 / have a sense of humor 유머 감각이 있다

▶

▶

② 아래의 문장을 스스로 영작해 보고, 정답 확인 후 다시 한 번 써 보세요.

우리 오빠는 항상 나를 놀렸었지만
필요할 땐 내 곁에 있어 줬어.

어휘: be there for someone when needed 필요할 때 ~의 곁에 있어 주다

▶

정답: My brother was always pulling my leg
but he was there for me when needed.

▶

008

Have someone eating out of the palm of one's hand

손바닥에서 뭔가를 먹는 누군가가 있다? (X)

~을 쥐락펴락하다

'have someone eating out of the palm of one's hand'라는 표현은 사람에게 길들여진 동물이 먹이를 먹는 상황에서 유래되었다는 말이 있습니다. 사람에게 길들여진 동물은 자신을 길들인 사람을 전적으로 신뢰하게 되면 이들의 '손바닥(palm of one's hand)'에 놓은 음식조차 거리낌 없이 '먹게(eat)' 됩니다. 이는 보통의 야생 동물들이 인간을 경계하는 것과는 완전히 반대되는 모습이죠? 따라서 이러한 모습으로부터 위 표현이 '(사람을 경계하던 동물을 완전히 길들여서 자신의 손바닥에 놓여 있는 음식까지 먹게 만드는 것처럼) ~을 쥐락펴락하다, ~을 마음대로 조종하다'라는 표현이 유래되었다고 합니다.

① 아래의 예문을 읽고 두 번씩 써 보며 표현의 쓰임새를 정확히 파악하세요.

I'm sure the boss will approve your proposal.
You have him(her) eating out of the palm of your hand.

분명히 상사가 네 제안을 괜찮다고 승인할 거야.
넌 그분을 쥐락펴락하잖아.

어휘: I'm sure ~ 분명히 ~일 것이다 / approve 승인하다 / proposal 제안

▶

▶

② 아래의 문장을 스스로 영작해 보고, 정답 확인 후 다시 한 번 써 보세요.

그 사람 나한테 완전히 푹 빠져 있어.
난 그 사람을 내 마음대로 쥐락펴락한다니까.

어휘: be crazy about someone ~에게 푹 빠지다, ~에게 완전히 사로잡히다

▶

정답: He's(She's) crazy about me.
I have him(her) eating out of the palm of my hand.

▶

009

Twist one's arm

누군가의 팔을 비틀다? (X)

~에게 압력을 가하다, ~을 강요하다

'twist one's arm'이라는 표현은 1900년대 중반 실제 '팔(arm)'을 '비트는(twist)' 신체적 무력 행위에서 비롯되었다고 전해집니다. 가령 범죄와 연루된 사람이나 목격자가 진술에 협조하지 않을 경우 경찰이 팔을 비트는 무력 행사로 압박을 가하면 해당 관련자들이 세부 사항들을 낱낱이 자백하게 된다거나, 뭔가 비협조적인 사람이 있을 경우 팔을 비틀어 제압하면 순순히 명령에 따르게 되는 것으로부터 'twist one's arm = (상대방을 무력으로 제압하여 내가 원하는 방향으로 행동하게 만들기 위해) ~의 팔을 비틀다 = ~에게 압력을 가하다, ~을 강요하다'라는 표현이 유래되었다고 보시면 됩니다.

① 아래의 예문을 읽고 두 번씩 써 보며 표현의 쓰임새를 정확히 파악하세요.

Every time he(she) asks me for a favor
I feel like he's(she's) twisting my arm.

개가 나한테 부탁할 때마다
꼭 나한테 강요하는 것처럼 느껴져.

어휘: every time ～ ～할 때마다 / ask someone for a favor ～에게 부탁하다

▶

▶

② 아래의 문장을 스스로 영작해 보고, 정답 확인 후 다시 한 번 써 보세요.

내 생각에 걔는 내가 강요하지 않으면
절대 나랑 콘서트에 같이 안 갈 거야.

어휘: I don't think ～ 내 생각에 ～이지 않다 / if I don't V 내가 ～하지 않으면

▶

정답: I don't think he(she) will go to the concert with me

if I don't twist his(her) arm.

▶

Give someone the cold shoulder

누군가에게 차가운 어깨를 주다? (X)

~을 쌀쌀맞게 대하다

옛날 서양에서는 집에 찾아온 반가운 손님에게 따뜻한 식사를 대접하는 것이 관례였다고 합니다. 하지만 머물지 말고 떠났으면 하는 사람이 찾아왔을 경우엔 따뜻한 식사 대신 '차디찬 양의 어깨 고기(cold shoulder of mutton(sheep))'를 내어 주었다고 하는데요. 따라서 'give someone the cold shoulder'라는 표현은 말 그대로 '차가운 (양의) 어깨 고기를 내어 주다 = 환영하고 싶지 않은 사람에게 차가운 음식을 대접하다 = 누군가를 쌀쌀맞게 대하다'라는 뜻으로 풀어서 생각해 볼 수 있습니다. 참고로 'give someone the cold shoulder'라는 표현에서 'the cold shoulder'는 '냉대, 홀대'를 뜻한다고 볼 수 있겠죠?

① 아래의 예문을 읽고 두 번씩 써 보며 표현의 쓰임새를 정확히 파악하세요.

**Just give him(her) the cold shoulder or
he(she) will bother you all day with questions.**

그냥 걔한테 쌀쌀맞게 대해. 안 그럼
걔가 하루 종일 너한테 질문하면서 귀찮게 할 거야.

어휘: bother someone with A ~을 A로 귀찮게 하다 / all day 하루 종일

▶

▶

② 아래의 문장을 스스로 영작해 보고, 정답 확인 후 다시 한 번 써 보세요.

걔가 왜 나한테 쌀쌀맞게 굴었는지 모르겠어.
난 우리가 친구라고 생각했거든.

어휘: I don't know why ~ 왜 ~인지 모르겠다 / be friends 친구이다

▶

정답: I don't know why he(she) gave me the cold shoulder.

I thought we were friends.

▶

001 나 모임에서 아는 사람이 한 명도 없어서

마치 꿔다 놓은 보릿자루 같은 기분이었어.

▶

002 저는 전에 그분을 만나 뵌 적이 없어 긴장했지만,

서로가 어색함을 깨기까진 그리 오래 걸리지 않았어요.

▶

003 Rachel, 이건 파티야.

그냥 긴장 풀고 즐길 수 있을 만큼 최대한 즐기도록 해.

▶

004 오늘 우리 측에 중요한 손님이 오시니까

그분께 잘 보이는 게 중요해요.

▶

005 감언이설로 내게 아부 떨지 마. 그거 나한텐 안 통해.

그냥 뭘 원하는지 내게 말해.

▶

006 Rachel하고 Kevin은 진짜 너무 친해.

　　개들은 어디든 같이 간다니까.

▶

007 너 왜 이렇게 화를 내? 나 그냥 너한테 농담하는 거야.

　　너 예전엔 유머 감각이 있었잖아.

▶

008 그 사람 나한테 완전히 푹 빠져 있어.

　　난 그 사람을 내 마음대로 쥐락펴락한다니까.

▶

009 개가 나한테 부탁할 때마다

　　꼭 나한테 강요하는 것처럼 느껴져.

▶

010 그냥 개한테 쌀쌀맞게 대해.

　　안 그럼 개가 하루 종일 너한테 질문하면서 귀찮게 할 거야.

▶

TEST 001-010

001 I felt like a fish out of water
because I didn't know anyone in the group.

002 I've never met him(her) before so I was nervous,
but it wasn't long until we broke the ice.

003 Rachel, this is a party.
Just let your hair down and enjoy it as much as you can.

004 We have an important client coming in today
and it's important to butter him(her) up.

005 Don't brown nose me with sweet talk. It doesn't work for me.
Just tell me what you want.

006 Rachel and Kevin are as thick as thieves.
They go everywhere together.

007 Why are you so mad? I'm just pulling your leg.
You used to have a sense of humor.

008 He's(She's) crazy about me.
I have him(her) eating out of the palm of my hand.

009 Every time he(she) asks me for a favor
I feel like he's(she's) twisting my arm.

010 Just give him(her) the cold shoulder
or he(she) will bother you all day with questions.

CHAPTER

011

Rain on one's parade

누군가의 행진에 비가 내리다? (X)

~의 일(기분)에 찬물을 끼얹다

'rain on one's parade'라는 표현은 1964년 Bob Merrill이 쓰고 Funny Girl이라는 뮤지컬에서 불렸던 'Don't Rain on My Parade'라는 노래에서 유래되었다는 말이 있습니다. 물론 'rain on one's parade'가 이 노래 이전부터 쓰였던 표현일 가능성도 있지만, 확실한 것은 이 노래가 나온 이후로 사람들 사이에서 폭넓게 쓰이기 시작했다는 것입니다. 'ain on one's parade'는 누군가가 '행진(parade)'을 하는 데 '비가 내리면(rain)' 행진이 엉망이 되어 기분이 잡치게 되는 것을 상상하면 됩니다. '행진(parade) = 내가 하는 일, 내 기분 / 비가 내리다(rain) = 망치다, 실망시키다, 찬물을 끼얹다'라고 이해하면 되겠죠?

① 아래의 예문을 읽고 두 번씩 써 보며 표현의 쓰임새를 정확히 파악하세요.

Sorry to rain on your parade,
but we already tried that plan and it didn't work.

찬물을 끼얹어서 미안한데,
그 계획은 우리가 이미 시도해 봤던 거고 효과가 없었어.

어휘: sorry to V ~해서 미안하다 / try 시도하다 / work 효과가 있다

▶

▶

② 아래의 문장을 스스로 영작해 보고, 정답 확인 후 다시 한 번 써 보세요.

찬물을 끼얹고 싶진 않지만 상사가
우리 모두 오늘 늦게까지 일해야 한다고 했어요.

어휘: we all 우리 모두 / have to V ~해야 한다 / work late 늦게까지 일하다

▶

정답: I don't want to rain on your parade,

but the boss said we all have to work late today.

▶

Hit
the nail
on the head

못의 머리를 치다? (X)

정곡을 찌르다, 정확히 맞추다

'hit the nail on the head'라는 표현의 유래에 대해선 정확히 알려진 바가 없으나, 인류가 '못(nail)'이라는 도구의 '머리(head)' 부분을 망치로 '쳐서(hit)' 벽에 박아 무언가를 걸거나 두 물건의 이음새를 고정시키는 등의 행위를 한 이래로 등장했다고 추측할 수 있습니다. 즉 'hit the nail on the head = (망치로 정확히 쳐야 하는 지점인) 못의 머리를 치다 = (핵심을 정확하게 짚어) 정곡을 찌르다, 정확히 맞추다'와 같이 의미가 확장되었다고 볼 수 있으며, 이 표현은 1559년 William Cunningham의 Cosmographical Glasses라는 저서에도 등장한 것을 보아 역사가 꽤 오래된 표현이라는 사실을 알 수 있습니다.

① 아래의 예문을 읽고 두 번씩 써 보며 표현의 쓰임새를 정확히 파악하세요.

Like you said, the car didn't start because the battery was dead. You hit the nail on the head.

네가 말한 대로, 배터리가 나가서
차가 시동이 안 걸렸던 거야. 네가 정확히 짚었어.

어휘: like you said 네가 말한 대로 / dead (배터리 등의 전원이) 나간

▶

▶

② 아래의 문장을 스스로 영작해 보고, 정답 확인 후 다시 한 번 써 보세요.

그 사람이 한 말 때문에 정말 쥐 죽은 듯 조용해졌었어.
그 사람이 정곡을 제대로 찔렀거든.

어휘: comment 말 / cause 초래하다 / dead silence 쥐 죽은 듯한 침묵

▶

정답: His(Her) comment just caused a dead silence

because he(she) hit the nail right on the head.

▶

013

Beat around the bush

덤불 주변을 툭툭 치다? (X)

빙 둘러 말하다, 요점을 피하다

중세 시대엔 사냥을 할 때 사냥을 도와주는 사람을 함께 데려갔는데, 이때 이들이 했던 일은 나무 막대기로 '덤불(bush)'을 '툭툭 쳐서(beat)' 그 안에 숨어 있던 동물들을 밖으로 나오게 만드는 것이었다고 합니다. 그런데 순한 동물이 아닌 사나운 동물이 덤불 속에 숨어 있을 경우 덤불을 마구잡이로 툭툭 치면 그 동물이 갑자기 튀어나와 다칠 수도 있었기 때문에 덤불 '주변을(around)' 조심스럽게 쳐서 동물을 나오게 했다고 합니다. 따라서 이로부터 'beat around the bush = (다칠 수도 있으니 덤불을 직접 치지 않고) 덤불 주변을 툭툭 치다 = (직접 말하지 않고) 빙 둘러 말하다'라는 표현이 유래되었다고 보시면 됩니다.

① 아래의 예문을 읽고 두 번씩 써 보며 표현의 쓰임새를 정확히 파악하세요.

Stop beating around the bush **and**
answer my question. Who made a mistake?

돌려 말하는 건 이제 그만하고
내 질문에 대답해. 누가 실수한 거야?

어휘: answer my question 내 질문에 답하다 / make a mistake 실수하다

▶ _____

▶ _____

② 아래의 문장을 스스로 영작해 보고, 정답 확인 후 다시 한 번 써 보세요.

왜 이렇게 빙빙 돌려서 말하는 거야?
너 나한테 뭔가 물어보고 싶은 거라도 있어?

어휘: Is there something you want to V? 너 ~하고 싶은 거라도 있어?

▶ _____

정답: Why are you beating around the bush?
Is there something you want to ask me?

▶ _____

014

Cut to the chase

추격전으로 넘어가다? (X)

바로 본론으로 들어가다

'cut to the chase'라는 표현에서 'cut to'는 '(영화나 TV에서 다른 장면)으로 바뀌다'
라는 뜻입니다. 따라서 이를 직역하면 '추격(chase) 장면으로 바뀌다'라고 해석할 수
있는데, 예전 1920년대 무성 영화에서는 'car chase scene(자동차 추격 장면)'과 같
이 흥미진진한 추격 장면을 넣어 편집하는 것이 거의 필수였습니다. 그래야 재미있으
니까요. 이처럼 영화의 한 장면에서 추격 장면과 같은 액션 장면으로 넘어가는 것을
'cut to the chase'라고 했는데, 훗날 이 표현에 나온 'chase'를 '주요 논의 사안, 주요
쟁점'에 비유하여 'cut to the chase = 주요 사안(쟁점)으로 넘어가다 = 바로 본론으
로 들어가다'와 같이 쓰게 되었습니다.

① 아래의 예문을 읽고 두 번씩 써 보며 표현의 쓰임새를 정확히 파악하세요.

I'm busy, so don't beat around the bush
and just cut to the chase. What do you want?

나 바빠. 그러니까 빙 둘러 말하지 말고
그냥 본론을 말해. 네가 원하는 게 뭐야?

어휘: busy 바쁜 / beat around the bush 빙 둘러 말하다

▶

▶

② 아래의 문장을 스스로 영작해 보고, 정답 확인 후 다시 한 번 써 보세요.

오늘 회의에선 시간 낭비하지 말고
회의를 길게 하지 맙시다. 바로 본론으로 들어가죠.

어휘: waste time 시간을 낭비하다 / make ~ longer ~을 길게 만들다

▶

정답: In the meeting today, don't waste time

and make the meeting longer. Just cut to the chase.

▶

015

Close, but no cigar

가까운, 하지만 담배는 아닌? (X)

간발의 차이로 성공(승리)을 놓친

'close, but no cigar'라는 표현은 20세기 중반 축제에서 나눠 주던 상품인 '담배 (cigar)'에서 유래되었다고 전해집니다. 당시 축제에선 병 위로 고리를 던지는 게임이나 야구공으로 무언가를 맞춰 쓰러뜨리는 게임 등 다양한 게임을 할 수 있었는데 (물론 지금도 축제에선 다양한 게임을 즐길 수 있지만) 이때 게임에서 이기게 되면 상품으로 담배를 받았다고 합니다. 따라서 게임을 하다 거의 성공할 뻔했는데 간발의 차이로 안타깝게 지게 되면 승리에 '가까웠는데(close)' 아쉽게도 져서 상품인 '담배를 못 받게 되었다(no cigar)'라는 의미로 'close, but no cigar'라고 한 것에서 이 같은 표현이 나왔다고 합니다.

① 아래의 예문을 읽고 두 번씩 써 보며 표현의 쓰임새를 정확히 파악하세요.

It was close, but no cigar. **I could have won the race but I tripped over a stone.**

간발의 차이로 승리를 놓쳤어. 경주에서
이길 수 있었는데 돌에 걸려 넘어졌지 뭐야.

어휘: could have p.p. ~할 수 있었다 / trip over ~ ~에 걸려 넘어지다

▶

_____

_____

▶

_____

_____

② 아래의 문장을 스스로 영작해 보고, 정답 확인 후 다시 한 번 써 보세요.

그 사람은 이전 세계 기록을 깨려고 노력했어.
간발의 차이로 실패하긴 했지만.

어휘: break the (previous) world record (이전) 세계 기록을 깨다

▶

_____

정답: He(She) tried to break the previous world record.

It was close, but no cigar.

▶

_____

_____

016

Cry over spilled(spilt) milk

엎질러진 우유 때문에 울다? (X)

이미 지나간 과거의 일로 한탄하다

'cry over spilled(spilt) milk'라는 표현은 매우 오랫동안 사용되어 온 표현으로 대략 1800년대 후반부터 쓰이기 시작한 걸로 추정됩니다. 이 표현의 유래에는 여러 가지 설이 있는데, 그중 표현의 뜻을 가장 잘 이해할 수 있게 해 주는 것은 바로 'spilled(spilt) milk = 엎질러진 우유'가 '이미 엎질러진 우유와 같이 돌이킬 수 없는 과거의 일'을 뜻하기 때문에 엎질러진 우유 때문에 '우는(cry)' 것은 어떻게 해 볼 수 없는 지나간 일 때문에 탄식하는 것이나 마찬가지이므로 'cry over spilled milk = 이미 지나간 과거의 일로 한탄하다'라는 뜻이 되었다는 설명입니다. 한국어의 '이미 엎질러진 물이다'라는 표현과 비슷하죠?

① 아래의 예문을 읽고 두 번씩 써 보며 표현의 쓰임새를 정확히 파악하세요.

He(She) is unable to accept the reality of his(her) situation. He's(She's) crying over spilled milk.

걘 자기가 처해 있는 현실을 받아들이지를 못해.
이미 지나간 일로 계속 푸념하고 있어.

어휘: be unable to V ~하지 못하다 / accept the reality 현실을 받아들이다

▶

▶

② 아래의 문장을 스스로 영작해 보고, 정답 확인 후 다시 한 번 써 보세요.

이미 지나간 일로 한탄해 봐야 소용없어. 피해는 이미
발생했고 우리가 할 수 있는 건 아무것도 없어.

어휘: it's no use V-ing ~해 봐야 아무런 소용이 없다 / damage 피해

▶

정답: It's no use crying over spilled milk. The damage has already been done and there's nothing we can do.

▶

017

Cross that bridge when one comes to it

다리에 왔을 때 다리를 건너다? (X)

그때 가서 생각하다

'cross that bridge when one comes to it'이라는 표현은 1851년 Henry Wadsworth Longfellow라는 시인의 Golden Legend라는 저서에 처음 등장했다고 전해집니다. 어떤 다리가 있을 때 '그 다리를 건너는 것(cross that bridge)'은 '그곳에 다다랐을 때 (when one comes to it)' 건너게 되지 가지도 않은 상태에서 건널 순 없을 것입니다. 따라서 이 표현을 '다리를 건너는 것 = 어떤 일을 걱정하는 것 / 다리에 다다르는 것 = 어떤 일이 눈앞에 닥친 것'과 같이 비유하여 '다리에 왔을 때 다리를 건너다 = 어떤 일이 눈앞에 닥쳤을 때 걱정(생각)하다 = 지레 걱정하지 않다. 그때 가서 생각하다'라고 풀이할 수 있습니다.

① 아래의 예문을 읽고 두 번씩 써 보며 표현의 쓰임새를 정확히 파악하세요.

The presentation is still a week away.

Just cross that bridge when you come to it.

발표하려면 아직 일주일이나 남았잖아.

지레 걱정하지 말도록 해.

어휘: presentation 발표 / a week away 일주일이 남은

▶

▶

---

② 아래의 문장을 스스로 영작해 보고, 정답 확인 후 다시 한 번 써 보세요.

지금 벌써 그걸 걱정한다는 건 말이 안 돼.

우리 그때 가서 생각하도록 하자.

어휘: there's no sense in V-ing ∼한다는 건 말이 안 된다

▶

정답: There's no sense in worrying about that now.

Let's cross that bridge when we come to it.

▶

018

Keep one's chin up

턱을 위로 올리고 있어라? (X)

긍정적으로 생각하다, 힘내다

'keep one's chin up'이란 표현은 1900년경 Pennsylvania 신문에 실린 Epigrams Upon the Health-giving Qualities of Mirth라는 기사에서 처음 쓰였다고 하는데요. 이 기사에서 'Keep your chin up. Don't take your troubles to bed with you.(긍정적 자세를 유지하라. 골치 아픈 문제들을 잠자리까지 가져가지 마라.)'라는 대목이 나옵니다. 자, '턱(chin)'을 '위쪽(up)'으로 든 상태를 '유지하고(keep)' 있는 모습을 상상해 보세요. 그 어떤 것에도 굴하지 않겠다는 듯 고개를 당당히 들고 있는 모습이 그려지지 않나요? 이런 모습과 함께 'keep one's chin up'의 의미를 머릿속에 새기면 이해가 더 빠르실 겁니다.

① 아래의 예문을 읽고 두 번씩 써 보며 표현의 쓰임새를 정확히 파악하세요.

I know the boss yelled at you in the staff meeting, but try to keep your chin up.

상사가 직원 회의 때 너한테 소리 지른 거 알아.
하지만 긍정적으로 생각하도록 해.

어휘: yell at someone ~에게 소리 지르다 / staff meeting 직원 회의

▶

▶

② 아래의 문장을 스스로 영작해 보고, 정답 확인 후 다시 한 번 써 보세요.

실수한 거에 대해 너무 걱정하지 마.
고치는 거 그렇게 어렵지 않아. 힘내.

어휘: it's not that hard to V ~하는 건 그렇게 어렵지 않다 / fix 고치다

▶

정답: Don't worry about making a mistake, it's not that hard to fix.

Keep your chin up.

▶

019

Rock the boat

배를 흔들다? (X)

평지풍파를 일으키다

'rock the boat'라는 표현은 말 그대로 '배(boat)'를 위태롭게 '흔드는(rock)' 장면을 상상하시면 됩니다. 가령 카누와 같이 작은 배 안에서 이리저리 돌아다니게 되면 배가 좌우로 흔들려 전복될 위험에 처할 수 있습니다. 따라서 'rock the boat = (배가 전복될 만큼 심하게) 배를 흔들다 = 평지풍파를 일으키다'라는 표현이 유래되었다고 보시면 됩니다. 참고로 이 표현은 1896년 미국의 변호사이자 정치인인 William Jennings Bryan이 'The man who rocks the boat ought to be stoned when he gets back on shore.(배를 위태롭게 흔드는 자는 해안에 돌아왔을 때 돌을 맞아야 한다.)'라고 한 것에서 처음 쓰였다는 말이 있습니다.

① 아래의 예문을 읽고 두 번씩 써 보며 표현의 쓰임새를 정확히 파악하세요.

We have a pretty good life here, don't you think so?
I don't want to rock the boat in any way.

우리 여기서 꽤 괜찮은 삶을 살고 있잖아. 그렇게 생각 안 해?
난 어떤 식으로든 평지풍파 일으키기 싫어.

어휘: have a pretty good life 꽤 괜찮은 삶을 살다 / in any way 어떤 식으로든

▶

▶

② 아래의 문장을 스스로 영작해 보고, 정답 확인 후 다시 한 번 써 보세요.

현재 모든 게 다 잘 되고 있어요. 괜히 논란이 되는
얘기 꺼내서 평지풍파 일으키지 말아요.

어휘: go fine 잘 되다 / bring up 꺼내다 / controversial topic 논란이 되는 얘기

▶

정답: Everything is going fine here. Don't rock the boat

by bringing up controversial topics.

▶

020

Go
with
the flow

밑물과 함께 가다? (X)

대세를 따르다, 시류를 따르다

'go with the flow'라는 표현은 1900년대 후반부터 미국에서 사용되기 시작했다고 전해지는데, 이 표현에서 flow는 'ebb and flow of tides(썰물과 밀물)'을 뜻한다고 합니다. 물이 빠지면 빠지는 대로, 물이 밀려오면 밀려오는 대로 물의 흐름에 몸을 맡겨 '함께 가는(go with)' 것을 상상해 보세요. '물의 흐름에 몸을 맡기다 = 시류/대세를 따르다'라는 뜻이 자연스럽게 연상되지요? 특히 이 표현은 'go with the flow'라는 표현이 가진 입에 착 붙는 운율 때문에 더욱 많이 쓰이기 시작했다고 전해지며, 일부에서는 이것이 2세기경 로마 제국에서 '삶은 때때로 흐르는 강물을 따라가듯 해야 한다'고 한 것에서 유래되었다는 말도 있습니다.

① 아래의 예문을 읽고 두 번씩 써 보며 표현의 쓰임새를 정확히 파악하세요.

It seems like everyone wants pasta.
It's not my favorite but I'll just go with the flow.

다들 파스타를 원하는 것 같네.
내가 제일 좋아하는 건 아니지만, 그냥 대세에 따를게.

어휘: it seems like ~ ~인 것 같다 / my favorite 내가 제일 좋아하는 것

▶

▶

② 아래의 문장을 스스로 영작해 보고, 정답 확인 후 다시 한 번 써 보세요.

평지풍파 일으키지 말고 그냥 대세에 따라.
일이 진행될 방식을 네가 바꿀 순 없어.

어휘: rock the boat 평지풍파를 일으키다 / pan out 전개되다, 진행되다

▶

정답: Don't rock the boat and just go with the flow.
You can't change the way things are going to pan out.

▶

011 찬물을 끼얹어서 미안한데,

그 계획은 우리가 이미 시도해 봤던 거고 효과가 없었어.

▶

012 네가 말한 대로, 배터리가 나가서

차가 시동이 안 걸렸던 거야. 네가 정확히 짚었어.

▶

013 왜 이렇게 빙빙 돌려서 말하는 거야?

너 나한테 뭔가 물어보고 싶은 거라도 있어?

▶

014 오늘 회의에선 시간 낭비하지 말고

회의를 길게 하지 맙시다. 바로 본론으로 들어가죠.

▶

015 간발의 차이로 승리를 놓쳤어.

경주에서 이길 수 있었는데 돌에 걸려 넘어졌지 뭐야.

▶

016 갠 자기가 처해 있는 현실을 받아들이지를 못해.

이미 지나간 일로 계속 푸념하고 있어.

▶

017 발표하려면 아직 일주일이나 남았잖아.

지레 걱정하지 말도록 해.

▶

018 실수한 거에 대해 너무 걱정하지 마.

고치는 거 그렇게 어렵지 않아. 힘내.

▶

019 현재 모든 게 다 잘 되고 있어요.

괜히 논란이 되는 얘기 꺼내서 평지풍파 일으키지 말아요.

▶

020 다들 파스타를 원하는 것 같네.

내가 제일 좋아하는 건 아니지만, 그냥 대세에 따를게.

▶

정답 확인

011 Sorry to rain on your parade,
     but we already tried that plan and it didn't work.

012 Like you said, the car didn't start
     because the battery was dead. You hit the nail on the head.

013 Why are you beating around the bush?
     Is there something you want to ask me?

014 In the meeting today, don't waste time
     and make the meeting longer. Just cut to the chase.

015 It was close, but no cigar.
     I could have won the race but I tripped over a stone.

016 He(She) is unable to accept the reality of his(her) situation.
     He's(She's) crying over spilled milk.

017 The presentation is still a week away.
     Just cross that bridge when you come to it.

018 Don't worry about making a mistake,
     it's not that hard to fix. Keep your chin up.

019 Everything is going fine here.
     Don't rock the boat by bringing up controversial topics.

020 It seems like everyone wants pasta.
     It's not my favorite but I'll just go with the flow.

CHAPTER

3

021

Straight from the horse's mouth

말의 입으로부터 곧바로? (X)

정확한 소식통으로부터, 당사자로부터

'straight from the horse's mouth'라는 표현은 오래 전 사람들이 '말(horse)'을 살 때 말의 '입(mouth)'부터 '곧바로(straight)' 들여다본 것에서 유래되었다고 합니다. 당시 사람들은 말을 좀 더 비싼 값에 팔기 위해 말의 나이를 속이곤 했는데, 말의 이빨은 시간이 지날수록 계속 자라기 때문에 사람들은 말의 정확한 나이를 파악하고자 말의 입부터 열어 이빨을 살펴봤다고 합니다. 따라서 이로부터 'straight from the horse's mouth = 말의 입으로부터 곧바로 (말의 정확한 나이를 알아내다) = 정확한(믿을 만한) 소식통으로부터, 당사자로부터'라는 표현이 유래되었다고 보시면 됩니다.

① 아래의 예문을 읽고 두 번씩 써 보며 표현의 쓰임새를 정확히 파악하세요.

I heard it straight from the horse's mouth.
The CEO said we get two weeks vacation.

나 이거 정확한 소식통을 통해서 들은 거야.
대표가 휴가를 2주나 주겠다고 말했대.

어휘: get a vacation 휴가를 얻다 (바꿔 말하면 '누군가가 휴가를 주다'라는 뜻)

▶

▶

② 아래의 문장을 스스로 영작해 보고, 정답 확인 후 다시 한 번 써 보세요.

이거 그저 루머일 수도 있으니 우리 추측하지 않는 게 좋겠어.
당사자에게서 직접 알아내도록 하자.

어휘: could be just ～ 그저 ～일 수도 있다 / shouldn't V ～하지 않는 게 좋다

▶

정답: It could be just a rumor so we shouldn't be guessing.

Let's get it straight from the horse's mouth.

▶

022

Bark up the wrong tree

잘못된 나무를 향해 짖다? (X)

헛다리를 짚다, 엉뚱한 사람을 비난하다

사냥개를 데리고 사냥을 가게 되면 사냥개들이 동물을 쫓고, 이들에게 쫓기던 동물들은 도망을 다니다 나무 위로 올라가 피하곤 합니다. 하지만 개들은 나무를 오를 수 있는 능력이 없기 때문에 추격하던 동물이 나무에 올라가게 되면 나무 밑에서 그저 끊임없이 짖기만 할 뿐입니다. 그런데 나무들이 빽빽이 우거져 있는 곳인 경우엔 자신들이 쫓던 동물이 올라간 나무가 아닌, 바로 그 옆에 있는 '잘못 짚은 나무(wrong tree)'를 향해 멍멍대며 '짖을(bark)' 수도 있을 텐데요. 따라서 'bark up the wrong tree'라는 표현은 '잘못 짚은 나무를 향해 짖다 = 헛다리를 짚다, 엉뚱한 사람을 비난하다'라는 뜻으로 풀어서 해석이 가능합니다.

① 아래의 예문을 읽고 두 번씩 써 보며 표현의 쓰임새를 정확히 파악하세요.

If you think I'm the guilty person,
you're barking up the wrong tree. I didn't do it.

내가 잘못한 사람이라 생각한다면
넌 헛다리 짚고 있는 거야. 그거 내가 한 거 아니야.

어휘: if you think ~ 만약 ~라고 생각한다면 / guilty person 잘못한 사람

▶

▶

② 아래의 문장을 스스로 영작해 보고, 정답 확인 후 다시 한 번 써 보세요.

우리가 엉뚱한 사람을 잡고 있는 게 아니란 걸 확실히 해야 해요.
좀 더 조사해서 누구 책임인지 밝혀내세요.

어휘: do research 조사하다 / fine out 밝혀내다 / responsible 책임 있는

▶

정답: We need to make sure we're not barking up the wrong tree.

Do more research and find out who is responsible.

▶

023

Shoot oneself in the foot

자기 발에 총을 쏘다? (X)

제 발등을 찍다, 자기 꾀에 빠지다

'shoot oneself in the foot'이라는 표현은 원래 1차 세계 대전 당시 일부 군인들이 전쟁에 나가기 싫어 이를 피하고자 '스스로(oneself)' 자신의 '발(foot)'에 총을 '쏴서(shoot)' 일부러 부상 당한 것처럼 꾸민 것을 뜻하는 표현이었다고 합니다. 그런데 추후 이 표현이 서부 총잡이와 같은 싸움꾼들이 총 싸움을 할 때 총을 제일 먼저 꺼내서 쏘려고 서두르다 실수로 자신들의 발을 쏘는 실수를 하는 걸 뜻하게 되었고, 따라서 이로부터 'shoot oneself in the foot = (총을 다 꺼낸 다음에 쏴야 하는데 실수로 총을 다 안 꺼낸 상태에서) 자기 발에 총을 쏘다 = 제 발등을 찍다, 자기 꾀에 빠져 스스로 망치다'라는 뜻이 유래되었고 합니다.

① 아래의 예문을 읽고 두 번씩 써 보며 표현의 쓰임새를 정확히 파악하세요.

That's too risky. I don't want you to shoot yourself in the foot. Think about it a little more.

그건 너무 위험해. 난 네 스스로 네 발등을 찍지
말았으면 해. 거기에 대해선 좀 더 생각해 봐.

어휘: risky 위험한 / think about ~ ~에 대해 생각하다 / a little more 좀 더

▶

▶

② 아래의 문장을 스스로 영작해 보고, 정답 확인 후 다시 한 번 써 보세요.

내가 이렇게 형편없이 망쳤다는 게 믿기질 않아.
내가 그 프로젝트를 완전 스스로 망친 꼴이야.

어휘: I can't believe ~ ~이 믿기지 않는다 / screw up so bad 형편없이 망치다

▶

정답: I can't believe I screwed up so bad.

I really shot myself in the foot on that project.

▶

024

It's not rocket science

이건 로켓 과학이 아니다? (X)

이건 그렇게 어려운(복잡한) 일이 아니다

첫 로켓 과학자들로 알려진 사람들은 바로 독일 군사 기술자들이었습니다. 이들은
1945년 2차 세계대전 때 미국으로 이송되어 로켓을 만들었다고 하는데요. 당시 미국
인들은 이 같이 복잡한 과학 기술을 구현하는 데 성공했던 로켓 과학자들을 매우 똑
똑한 사람들이라고 생각해 '로켓 과학자 = 독일인 = 똑똑한'이라는 공식을 갖고 있었
다고 합니다. 그리고 1980년대 미식축구 관련 스포츠 기사에서 'Coaching football is
not rocket science.(축구 코치는 로켓 과학(그렇게 어려운 일)이 아니다)'라는 말이
언급된 이후로 'It's not rocket science. = 이건 그렇게 어려운(복잡한) 일이 아니다.'
라는 뜻으로 쓰이기 시작했다고 합니다.

① 아래의 예문을 읽고 두 번씩 써 보며 표현의 쓰임새를 정확히 파악하세요.

As I said before, it's not rocket science.
You don't need my help at all.

전에 말했듯이, 이거 그렇게 어려운 일 아냐.
너 내 도움 받을 필요 전혀 없어.

어휘: as I said before 전에 말했듯이 / you don't need ~ 넌 ~이 필요 없다

▶

▶

② 아래의 문장을 스스로 영작해 보고, 정답 확인 후 다시 한 번 써 보세요.

그 사람 어떻게 실수를 아직도 이렇게 많이 하죠?
이건 그렇게 어려운 일이 아니라고요.

어휘: How can A still be V-ing? A는 어떻게 아직도 ~하고 있는 거죠?

▶

정답: How can he(she) still be making so many mistakes?

It's not rocket science.

▶

73

Make a mountain out of a molehill

두더지가 파 놓은 흙으로 산을 만들다? (X)

침소봉대하다, 과장하다

'make a mountain out of a molehill'이란 표현은 1548년경 책에 처음으로 등장했다고 하는데요. 이 표현은 땅굴을 파서 그 안에 들어가 사는 '두더지(mole)'라는 동물에서 유래되었다고 합니다. 두더지가 땅굴을 파면 그 주변에 흙이 쌓여 작은 '언덕(hill)'과 같은 흙 두둑이 생기는데, 이 같은 작은 흙 두둑으로 '산(mountain)'을 만든다고 하는 것은 너무 작은 것으로 굉장히 거대한 것을 만들 수 있다고 '과장'하는 것이나 마찬가지이기 때문에 이로부터 'make a mountain out of a molehill = (너무나 작은) 두더지가 파 놓은 흙으로 (굉장히 거대한) 산을 만들다 = 침소봉대하다, 과장하다'라는 표현이 유래되었다고 보시면 됩니다.

① 아래의 예문을 읽고 두 번씩 써 보며 표현의 쓰임새를 정확히 파악하세요.

You're just making a mountain out of a molehill.
It's not rocket science. It's easy to fix.

너 너무 과장하고 있는 거야.
이거 그렇게 어려운 일 아니라고. 고치기 쉽다니까.

어휘: it's not rocket science 어려운 일이 아니다 / it's easy to V ~하기 쉽다

▶ _____

_____

▶ _____

_____

② 아래의 문장을 스스로 영작해 보고, 정답 확인 후 다시 한 번 써 보세요.

개는 왜 항상 뭐든 과장하는 거야?
그렇게 대단한 일도 아닌데 말이야.

어휘: Why does A always V? A는 왜 항상 ~해? / big of a deal 대단한 일

▶ _____

_____

정답: Why does he(she) always make mountains out of molehills?

It's not that big of a deal.

▶ _____

_____

026

Take
something with
a grain of salt

뭔가를 소금 한 알갱이와 먹다? (X)

~을 가감해서 듣다

'take something with a grain of salt'라는 표현은 음식에 '약간의 소금(a grain of salt)'을 치면 맛이 더 좋아져 삼키기가 훨씬 수월해진다는 사실에서 비롯되었다고 합니다. 즉 '아무리 생각해도 다 맞는 소리가 아니라서 있는 그대로 받아들이기 힘든 말'이라는 음식에 '받아들일 건 받아들이고 뺄 건 빼 가며 듣는 자세'라는 소금을 쳐서 듣게 되면 그러한 말을 좀 더 수월하게 '받아들일(take)' 수 있게 된다는 뜻입니다. 따라서 'take something with a grain of salt'라는 표현은 '~을 액면 그대로 받아들이지 않다, ~을 가감해서 듣다'라는 뜻이 되었고, 참고로 이 표현은 서기 77년 Pliny의 'Naturalis Historia'에서 처음 등장했다고 합니다.

① 아래의 예문을 읽고 두 번씩 써 보며 표현의 쓰임새를 정확히 파악하세요.

You should take **what he(she) says** with a grain of salt.
He(She) has a habit of exaggerating things.

너 걔가 하는 말은 가감해서 듣는 게 좋아.
걔는 뭐든 과장하는 버릇이 있거든.

어휘: have a habit of V-ing ~하는 버릇이 있다 / exaggerate 과장하다

▶

▶

② 아래의 문장을 스스로 영작해 보고, 정답 확인 후 다시 한 번 써 보세요.

인터넷 상엔 허위 정보가 굉장히 많기 때문에
난 온라인에서 읽는 건 뭐든 가감해서 받아들여.

어휘: false information 잘못된(허위) 정보 / on the Internet 인터넷 상에

▶

정답: There is a lot of false information on the Internet,

so I take anything I read online with a grain of salt.

▶

027

Eat
one's
hat

모자를 먹다? (X)

(그게 사실이면) 손에 장을 지지다

'eat one's hat'이라는 표현은 19세기부터 쓰이기 시작했다고 전해지면, 주로 'if절(만약 ~라면)'과 함께 잘 쓰입니다. 이 표현은 말 그대로 '모자(hat)'를 '먹는(eat)' 행위를 상상하면 이해가 쉽습니다. 먹을 수도 없고, 설령 먹는다 해도 맛도 없고 몸에도 해로운 모자를 먹고 싶어 할 이는 결코 없을 것입니다. 그러니 뭔가가 사실이 아니라는 것에 대한 강한 확신을 가졌을 경우 '만약 그것이 사실이라면 정말 불가능한 일(가령 '모자를 먹는 일' 같은 것)까지 하겠다'라는 뉘앙스로 'eat one's hat = (그게 사실이면) 모자를 먹겠다 = (그게 사실이면) 손에 장을 지지겠다'와 같이 표현했다고 생각하시면 됩니다.

① 아래의 예문을 읽고 두 번씩 써 보며 표현의 쓰임새를 정확히 파악하세요.

There's no possibility that he(she) will win the election. If that happens, I'll eat my hat.

그 사람이 선거에서 이길 가능성은 전혀 없어.
만약 그런 일이 생기면 내 손에 장을 지질 거야.

어휘: there's no possibility that ~ ~일 가능성은 전혀 없다 / election 선거

▶

▶

② 아래의 문장을 스스로 영작해 보고, 정답 확인 후 다시 한 번 써 보세요.

너 걔가 경주에서 이기면 손에 장을 지진다고 했잖아.
자, 손에 장 지지기 시작해.

어휘: race 경주 / I think you'll have to V 내 생각에 너 ~해야만 하게 될 거다

▶

정답:	You said you would eat your hat if he(she) won the race.
	Start eating.

▶

028

Once in a blue moon

푸른 달이 떴을 때 한 번? (X)

극히 드물게, 가뭄에 콩 나듯

12개월을 4분기로 나누면 1분기는 3개월이 되고, 보름달은 보통 한 달에 한 번 뜨기 때문에 분기마다 우린 보름달을 세 번 보게 됩니다. 그런데 서양의 옛 기록에 따르면 대략 3년에 한 번씩 4월~6월에 걸쳐 보름달이 세 번이 아닌 '네 번'이 뜰 때가 있고, 이렇게 보름달이 네 번 뜨는 분기에 세 번째로 뜨는 달을 'blue moon'이라 칭했다고 합니다. 따라서 약 3년에 한 번 볼 수 있는 이 'blue moon'은 결국 흔히 볼 수 있는 것이 아닌 '드물게' 볼 수 있는 것이라 말할 수 있으므로 'once in a blue moon = 이렇게 드문 푸른 달이 떴을 때 단 한 번 = 극히 드물게, 가뭄에 콩 나듯'이라는 표현이 유래되었다고 보시면 됩니다.

① 아래의 예문을 읽고 두 번씩 써 보며 표현의 쓰임새를 정확히 파악하세요.

My brother Kevin lives in London
so I only see him once in a blue moon.

내 남동생 Kevin은 런던에 살고 있어.
그래서 나 걔 가뭄에 콩 나듯 밖에 못 본다니까.

어휘: live in ~ ~에 살다 / I only see A ~ 난 A를 ~하게 밖에 못 본다

▶

▶

② 아래의 문장을 스스로 영작해 보고, 정답 확인 후 다시 한 번 써 보세요.

걔는 취하는 일이 아주 드물어. 걔 술에 정말 약하거든.
(술에 약함 → 술을 잘 안 마심 → 취하는 일이 드묾)

어휘: get drunk 취하다 / hold one's liquor 술에 취하지 않다, 술에 강하다

▶

정답: He(She) gets drunk only once in a blue moon.

He(She) can't really hold his(her) liquor.

▶

029

A skeleton in one's closet

벽장 안에 있는 해골? (X)

말 못할(숨기고 싶은) 엄청난 비밀

'a skeleton in one's closet'이라는 표현의 유래 중 하나는 살해된 시신을 집 안 '벽장 (closet)'에 숨겼다가 오랜 시간이 지난 후 시신이 '해골(skeleton)'이 되어 발각된 것에서 유래되었다는 것이고, 다른 하나는 전염병으로 인해 가족 중 한 명이 사망하여 이 사실을 숨기고자 (가족이 병에 걸린 걸 들키면 마을에서 쫓겨날 수 있으므로) 시신을 벽장에 숨긴 것에서 유래되었다는 것입니다. 이외에도 여러 설이 있지만, 모든 설들의 공통점은 벽장과 같은 은밀한 공간에 해골과 같은 '엄청난 비밀'을 숨겼다는 것이죠. 따라서 이로부터 'a skeleton in one's closet = 말 못할(숨기고 싶은) 엄청난 비밀'이란 표현이 나왔다고 보시면 됩니다.

① 아래의 예문을 읽고 두 번씩 써 보며 표현의 쓰임새를 정확히 파악하세요.

**I just don't trust him(her). He(She) seems like
he(she) has a lot of** skeletons in his(her) closet.

난 그냥 걔한텐 못 믿겠어. 걔한텐 뭔가
숨기고 싶어 하는 엄청난 비밀이 많이 있는 것 같아.

어휘: trust someone ~을 믿다 / seem like ~ ~인 듯 보이다, ~인 것 같다

▶

▶

② 아래의 문장을 스스로 영작해 보고, 정답 확인 후 다시 한 번 써 보세요.

걔는 내 가장 오래된 절친 중 한 명인데
나의 말 못할 큰 비밀들까지도 알고 있어.

어휘: one of my oldest and closest friends 가장 오래된 절친 중 한 명

▶

정답: He(She) is one of my oldest and closest friends

and knows about the skeletons in my closet.

▶

The coast is clear

해안이 깨끗하다? (X)

들킬(발각될) 위험이 없다

'the coast is clear'라는 표현의 유래는 16세기경으로 거슬러 올라간다고 합니다. 이 표현은 군인들이 적지에 있는 '해안가(coast)'에 상륙할 때 적들이 없을 때, 그러니까 곧 적들이 하나도 없이 해안가가 조용하고 '깨끗한(clear)' 상태일 때를 틈타 내린 것에서 유래되었다고 합니다. 따라서 'the coast is clear'라는 표현에서 '해안(coast) = 상황이나 상태 / 깨끗한(clear) = 들키거나 발각될 위험이 없는'을 의미한다고 생각할 수 있겠죠? 참고로 'the coast is clear'라는 표현을 한국어로 해석할 땐 '들킬(발각될) 위험이 없다 = 딱 좋은 타이밍이다, 적기이다, 지금이다'라고 풀이하는 것도 가능합니다.

① 아래의 예문을 읽고 두 번씩 써 보며 표현의 쓰임새를 정확히 파악하세요.

Let's sneak out for lunch before the boss
wants to join us. The coast is clear.

상사가 우리한테 끼고 싶어 하기 전에 몰래
점심 먹으러 나가자. 지금이 딱 좋은 타이밍이야.

어휘: sneak out 몰래 빠져나가다 / join someone ~(라는 사람/일행)에 끼다

▶

▶

② 아래의 문장을 스스로 영작해 보고, 정답 확인 후 다시 한 번 써 보세요.

너 데이트하러 일찍 퇴근하기 전에
발각될 위험이 없을 때까지 기다려.

어휘: leave work early for ~ ~을 (하기) 위해 일찍 퇴근하다 / date 데이트

▶

정답: Wait till the coast is clear

before you leave work early for your date.

▶

021 이거 그저 루머일 수도 있으니 우리 추측하지 않는 게 좋겠어.

당사자에게서 직접 알아내도록 하자.

▶

022 내가 잘못한 사람이라 생각한다면

넌 헛다리 짚고 있는 거야. 그거 내가 한 거 아니야.

▶

023 그건 너무 위험해. 난 네 스스로 네 발등을 찍지 말았으면 해.

거기에 대해선 좀 더 생각해 봐.

▶

024 그 사람 어떻게 실수를 아직도 이렇게 많이 하죠?

이건 그렇게 어려운 일이 아니라고요.

▶

025 걔는 왜 항상 뭐든 과장하는 거야?

그렇게 대단한 일도 아닌데 말이야.

▶

026 너 걔가 하는 말은 가감해서 듣는 게 좋아.

　　걔는 뭐든 과장하는 버릇이 있거든.

▶

027 그 사람이 선거에서 이길 가능성은 전혀 없어.

　　만약 그런 일이 생기면 내 손에 장을 지질 거야.

▶

028 걔는 취하는 일이 아주 드물어. 걘 술에 정말 약하거든.

　　(술에 약함 → 술을 잘 안 마심 → 취하는 일이 드묾)

▶

029 걔는 내 가장 오래된 절친 중 한 명인데

　　나의 말 못할 큰 비밀들까지도 알고 있어.

▶

030 상사가 우리한테 끼고 싶어 하기 전에

　　몰래 점심 먹으러 나가자. 지금이 딱 좋은 타이밍이야.

▶

정답 확인

021 It could be just a rumor so we shouldn't be guessing.
     Let's get it straight from the horse's mouth.

022 If you think I'm the guilty person,
     you're barking up the wrong tree. I didn't do it.

023 That's too risky. I don't want you to shoot yourself in the foot.
     Think about it a little more.

024 How can he(she) still be making so many mistakes?
     It's not rocket science.

025 Why does he(she) always make mountains out of molehills?
     It's not that big of a deal.

026 You should take what he(she) says with a grain of salt.
     He(She) has a habit of exaggerating things.

027 There's no possibility that he(she) will win the election.
     If that happens, I'll eat my hat.

028 He(She) gets drunk only once in a blue moon.
     He(She) can't really hold his(her) liquor.

029 He's(She's) one of my oldest and closest friends
     and knows about the skeletons in my closet.

030 Let's sneak out for lunch
     before the boss wants to join us. The coast is clear.

CHAPTER

As cool as a cucumber

오이만큼 서늘한? (X)

대단히 침착한

'as cool as a cucumber'라는 표현은 아무리 더운 날씨에서도 '오이(cucumber)'의 속살은 바깥 공기보다 대략 20도 정도 더 시원하다는 사실에서 유래되었다는 말이 있습니다. 즉, 아무리 힘들고 어려운 상황 속에서도 차분하고 침착한 상태를 유지하고 있는 사람을 굉장히 더운 날씨 속에서도 시원한 속살을 유지하고 있는 오이에 빗대어 'as cool as a cucumber = (아무리 더워도 시원함을 잃지 않는) 오이만큼 서늘한 = 대단히 침착한'이라고 하는 것이라 생각해 볼 수 있습니다. 참고로 이 표현에서 'cool' 은 '온도가 낮아 서늘한'이라는 의미가 아닌 '쉽게 동요하지 않는, 차분한'이라는 의미로 생각하셔야 합니다.

① 아래의 예문을 읽고 두 번씩 써 보며 표현의 쓰임새를 정확히 파악하세요.

I heard them fighting, but after that they walked in as cool as a cucumber as if nothing had happened.

나 걔들 싸우는 소릴 들었는데 그 이후에
아무 일 없었다는 듯 되게 침착하게 걸어 들어오더라.

어휘: fight 싸우다 / walk in 걸어 들어오다 / as if ~ 마치 ~인 듯이

▶

▶

② 아래의 문장을 스스로 영작해 보고, 정답 확인 후 다시 한 번 써 보세요.

사실 나 면접 내내 엄청 긴장했었는데,
완전 침착하게 행동했어.

어휘: feel (really) nervous (엄청) 긴장하다 / interview 면접 / act 행동하다

▶

정답: Actually I felt really nervous during the interview,

but I acted as cool as a cucumber.

▶

Keep one's cards close to the vest

카드를 조끼에 가깝게 들고 있다? (X)

속내를 안 드러내다, 비밀로 하다

'keep one's cards close to the vest'라는 표현은 1800년대 미국 카드 게임에서 유래되었다고 합니다. 당시 카드 게임을 하던 사람들 대부분은 '조끼(vest)'를 입고 게임을 했는데, 게임을 할 때 자신이 가진 카드를 못 보게 하기 위해 카드를 조끼 '가까이(close)' 들고 게임을 했다고 합니다. 따라서 이로부터 'keep one's cards close to the vest = (내가 가진 카드를 못 보게 하기 위해) 카드를 조끼에 가깝게 들고 있다 = 속내를 안 드러내다, 비밀로 하다'라는 표현이 유래되었다고 보시면 됩니다. 참고로 'keep' 대신에 'hold, play'를 써서 'hold/play one's cards close to the vest'라고 하기도 합니다.

① 아래의 예문을 읽고 두 번씩 써 보며 표현의 쓰임새를 정확히 파악하세요.

Let's keep our cards close to the vest **on this one.**
I don't want other teams to copy our methods.

이 건에 대해선 비밀을 유지하도록 합시다.
다른 팀들이 우리 방식을 따라 하길 원치 않아요.

어휘: on this one 이 건에 대해선 / copy 따라 하다 / method 방법, 방식

▶

▶

② 아래의 문장을 스스로 영작해 보고, 정답 확인 후 다시 한 번 써 보세요.

Chris는 속내를 안 드러내는 편이야. 뭔가 알고 싶다면
걔한테 굉장히 직설적으로 물어봐야 해.

어휘: have to V ~해야 한다 / ask someone directly ~에게 직설적으로 묻다

▶

정답: Chris kind of keeps his cards close to the vest. If you want

to know something you have to ask him very directly.

▶

033

Let
the cat
out of the bag

고양이를 자루 밖으로 나오게 하다? (X)

무심코 비밀을 누설하다

수백 년 전 서양의 일부 시장에선 새끼 돼지를 사고 파는 풍습이 있었는데, 일부 상인들은 새끼 돼지를 팔 때 돼지가 아닌 '고양이(cat)'를 '자루(bag)'에 넣어서 주는 경우가 있었고, (고양이가 더 싸니 이런 짓을 했겠죠?) 돼지를 사서 집에 들고 간 사람들은 집에서 자루를 열었는데 돼지가 아닌 고양이가 '자루 밖으로 튀어나오는(out of the bag)' 것을 보곤 자신들이 속았다는 사실을 맞닥뜨리게 됩니다. 따라서 'let the cat out of the bag'이란 표현은 '(자신도 모르고 있던) 고양이가 자루에서 나오게 하다 (그래서 숨겨져 있던 비밀/진실을 얼결에 마주하다) = 무심코 비밀을 누설하다'라는 표현이 유래되었다고 보시면 됩니다.

① 아래의 예문을 읽고 두 번씩 써 보며 표현의 쓰임새를 정확히 파악하세요.

As I told you, it's a secret between you and me.
Be careful not to let the cat out of the bag.

너한테 말했다시피 이건 너와 나 사이의 비밀이야.
무심코 비밀을 말하지 않도록 주의해.

어휘: as I told you 너한테 말했다시피 / secret between ~ ~ 사이의 비밀

▶

▶

② 아래의 문장을 스스로 영작해 보고, 정답 확인 후 다시 한 번 써 보세요.

미안, 내가 얼결에 비밀을 말해 버렸어. 하지만 내가
정신이 나가서 단어를 신중히 택하지 못한 거야.

어휘: mad 정신이 나간 / choose something carefully ~을 신중히 택하다

▶

정답: I'm sorry I let the cat out of the bag, but I was mad

and didn't choose my words carefully.

▶

034

Show one's true colors

누군가의 진짜 색깔을 보여 주다? (X)

~의 본색(진면목)을 드러내다

'show one's true colors'라는 표현에서 'colors'는 '깃발의 색'을 의미한다고 합니다. 이 표현은 1700년대 중반 해상에서 적군과 싸우던 배의 깃발 색에서 유래되었다는 하는데요. 이들은 적군이 탄 배가 가까워지면 일부러 적군과 우호적인 관계를 맺고 있는 나라의 깃발을 달아 적군이 '아, 저 배는 우리와 같은 편이구나'라는 착각을 하게 만든 다음 서로가 점점 가까워지게 되면 자신들의 '진짜 깃발(true colors)'로 바꿔 단 후 공격을 가했다고 합니다. 따라서 이로부터 'show one's true colors'가 '~의 진짜 깃발을 내보이다 = ~의 본색을 드러내다, ~을 진면목을 보이다'라는 뜻이 되었다고 하네요. 참 재미있죠?

① 아래의 예문을 읽고 두 번씩 써 보며 표현의 쓰임새를 정확히 파악하세요.

He(She) really showed his(her) true colors **today.**
I had no idea he(she) was so selfish.

걔 오늘 본색을 제대로 드러내더라.
난 걔가 그렇게 이기적인 줄은 몰랐어.

어휘: I had no idea ~ 난 ~인 줄은 몰랐다 / selfish 이기적인

▶

▶

② 아래의 문장을 스스로 영작해 보고, 정답 확인 후 다시 한 번 써 보세요.

그 사람 진면목을 보이면서 정말 일을 멋지게 해냈어요.
아마 승진할 준비가 된 것 같아요.

어휘: do a fantastic job 일을 멋지게 하다 / be ready for ~ ~에 준비가 되다

▶

정답: He(She) showed his(her) true colors and did a fantastic job.

He(She) might be ready for a promotion.

▶

035

Throw someone under the bus

누군가를 버스 밑으로 던지다? (X)

~을 배신하다, ~을 탓하다

'throw someone under the bus'라는 표현은 마이너리그 야구 선수들이 원정 경기를 떠날 때 매니저가 버스에 빨리 타라고 재촉하며 'You're either on the bus or under it.(넌 버스에 타거나 그 밑에 깔리거나 둘 중 하나다. = 꾸물대지 말고 얼른 타.)'라고 한 것에서 유래되었다는 설이 있지만 이것은 현재의 뜻과도 거리가 멀고 이 표현의 기원이라는 뚜렷한 근거도 없습니다. 따라서 이를 잘 이해할 수 있게 해 주는 설명 하나를 꼽자면 '누군가를 배신할 수 있는 좋은 방법 하나는 바로 버스가 지나가는 길가에서 그 사람을 버스 쪽으로 내던져(throw) 버스 밑에(under the bus) 깔려 죽게 하는 것이다'라고 하는 설입니다.

① 아래의 예문을 읽고 두 번씩 써 보며 표현의 쓰임새를 정확히 파악하세요.

Wow, he(she) just threw you under the bus
when everyone knows it was his(her) fault.

와, 모두들 그게 다 그 사람 잘못인 걸 아는데
그 사람은 그냥 네 탓으로 몰아가네.

어휘: everyone knows ~ 모두들 ~을 알다 / one's fault ~의 잘못

▶ _____

_____

▶ _____

_____

② 아래의 문장을 스스로 영작해 보고, 정답 확인 후 다시 한 번 써 보세요.

그 사람이 그런 식으로 내 탓을 한 걸 믿을 수가 없어.
난 그 사람이 프로젝트에 실패한 것과는 아무 상관없다고.

어휘: have nothing to do with ~ ~와 아무 상관이 없다 / fail 실패하다

▶ _____

_____

정답: I can't believe he(she) threw me under the bus like that.

I had nothing to do with his(her) project failing.

▶ _____

_____

036

The apple doesn't fall far from the tree

사과는 나무에서 먼 곳에 떨어지지 않는다? (X)

피는 못 속인다

'the apple doesn't fall far from the tree'라는 말은 1605년경 Hieronymus Megiser 의 저서에서 처음으로 쓰였다는 설도 있으나 이는 명확치 않습니다. 이 말은 나무에 서 '멀지 않은 곳에 떨어진(doesn't fall far)' 사과를 떠올리면 쉽게 이해할 수 있습니다. 나무에 매달려 있던 사과가 어느 순간 땅에 툭 떨어지게 되면 그 근처에 떨어지지 멀리 떨어진 곳에 떨어지진 않습니다. 따라서 이로부터 '나무 = 부모, 사과 = 자식'과 같이 비유하여 'the apple doesn't fall far from the tree = 사과(자식)는 나무(부모)에 서 먼 곳에 떨어지지 않는다 = 자식은 부모와 가깝다 = 피는 못 속인다'라는 표현이 유래되었다고 보시면 됩니다.

① 아래의 예문을 읽고 두 번씩 써 보며 표현의 쓰임새를 정확히 파악하세요.

He's(She's) very selfish. I guess the apple doesn't fall far from the tree because his(her) mother is the same.

걔는 너무 이기적이야. 내 짐작엔 역시
피는 못 속이지 싶어. 걔 엄마도 똑같거든.

어휘: selfish 이기적인 / I guess ~ 내 짐작에 ~이지 싶다 / same 똑같은

▶

▶

② 아래의 문장을 스스로 영작해 보고, 정답 확인 후 다시 한 번 써 보세요.

그 사람 아들은 곧 자신의 음악적 재능을
드러내면서 역시 피는 못 속임을 입증했지.

어휘: show one's musical talent 음악적 재능을 드러내다 / prove 입증하다

▶

정답: His(Her) son soon showed his own musical talent,

proving that the apple doesn't fall far from the tree.

▶

Stick out like a sore thumb

아픈 엄지손가락처럼 눈에 띄다? (X)

매우 눈에 띄다, 아주 두드러지다

'stick out like a sore thumb'이라는 표현은 16세기 중반에 유래되었다고 전해지는데, 이 표현은 다쳐서 '아픈(sore) 엄지손가락(thumb)'을 떠올리면 이해가 쉽습니다. 엄지 손가락을 다치게 되면 손가락을 제대로 접지 못해 뻣뻣하게 편 상태로 들고 있게 되고, 따라서 이 뻣뻣하게 들고 있는 엄지손가락이 굉장히 '눈에 띄게(stick out)' 됩니다. 특히 밴드까지 손가락에 둘렀다면 더 도드라져 보이겠죠? 따라서 이로부터 'stick out like a sore thumb = (엄지손가락을 다쳐 제대로 접지 못해 뻣뻣하게 편 상태로 들고 있기 때문에) 아픈 엄지손가락이 눈에 띄다 = 매우 눈에 띄다, 아주 두드러지다' 라는 표현이 유래되었다고 보시면 됩니다.

① 아래의 예문을 읽고 두 번씩 써 보며 표현의 쓰임새를 정확히 파악하세요.

I've got a pimple on my nose. It really
sticks out like a sore thumb. It's so annoying.

나 코에 여드름이 났어. 이거 진짜
엄청 도드라져 보이네. 너무 거슬린다.

어휘: get a pimple 여드름이 나다 / annoying 짜증나는, 거슬리는

▶

▶

② 아래의 문장을 스스로 영작해 보고, 정답 확인 후 다시 한 번 써 보세요.

너 정말 그 재킷을 입고 싶은 거야?
너 그거 입으면 엄청나게 눈에 띌 걸.

어휘: Do you really want to V? 너 정말 ～하고 싶은 거야? / wear 입다

▶

정답: Do you really want to wear that jacket?

You're going to stick out like a sore thumb if you wear that.

▶

038

Have
a lot
on one's plate

접시 위에 뭐가 많이 있다? (X)

할 일이 산더미처럼 있다

'have a lot on one's plate'라는 표현은 1920년경 미국에서 처음으로 쓰이기 시작했다고 전해지는데요. 이 표현은 저녁 식사를 할 때 자신이 다 먹지도 못할 정도로 '많은(a lot)' 음식들이 '접시(plate)' 위에 놓여져 있는 것을 '내게 주어진 산더미 같은 양의 일'이라는 상황에 빗대어 'have a lot on one's plate = 접시 위에 음식이 너무 많다 = 할 일이 산더미처럼 있다'라는 뜻으로 쓰기 시작했다고 합니다. 참고로 이 표현을 실생활에서 쓸 땐 'I've got a lot on my plate.'와 같이 'have got a lot on one's plate'라고도 잘 말하며, 또한 'a lot' 대신 'too much'를 써서 더 강조하기도 하니 이를 함께 알아 두시기 바랍니다.

① 아래의 예문을 읽고 두 번씩 써 보며 표현의 쓰임새를 정확히 파악하세요.

Kate has a lot on her plate **as she takes care of her kids and works full-time at the same time.**

Kate는 아이들을 돌보는 동시에 전임으로
일까지 하고 있어서 할 일이 산더미처럼 많아.

어휘: take care of someone ~을 돌보다 / work full-time 전임으로 일하다

▶

▶

② 아래의 문장을 스스로 영작해 보고, 정답 확인 후 다시 한 번 써 보세요.

너 지금 당장 할 일이 너무 심하게 많잖아.
그래서 나 내가 할 수 있는 어떤 방법으로든 널 돕고 싶어.

어휘: in whatever ways I can 내가 할 수 있는 어떤 방법으로든

▶

정답: You have too much on your plate right now,

　　　so I want to help you in whatever ways I can.

▶

039

Have(Get) one's ducks in a row

일렬로 서 있는 오리들이 있다? (X)

만반의 준비를 갖추다

'have(get) one's ducks in a row'라는 표현은 1700년대에 인기를 누렸던 'lawn bowling game'에서 게임 시작 전 공을 굴려 맞힐 'duck pin(덕핀)'을 '일렬로(in a row)' 세워 놓으며 만반의 준비를 갖춘 것에서 유래되었다는 설, 혹은 사격 연습장에서 총을 쏴서 맞힐 'tin ducks(양철 오리)'를 '일렬로(in a row)' 세워 놓으며 만반의 준비를 갖춘 것에서 유래되었다는 설, 혹은 실제 '새끼 오리들(ducklings)'이 '일렬로(in a row)' 줄을 서서 엄마 오리를 질서 정연하게 따라갈 준비를 하는 행위에서 유래되었다는 설 등이 있습니다. 유래는 여러 가지지만, 세 가지 모두 '뭔가를 위해 만반의 준비를 갖추다'라는 느낌은 확실히 들지요?

① 아래의 예문을 읽고 두 번씩 써 보며 표현의 쓰임새를 정확히 파악하세요.

We need to have our ducks in a row
to ensure that there are no problems.

반드시 아무런 문제가 없도록
우리 만반의 준비를 해야 합니다.

어휘: need to V ～해야 한다 / ensure that ～ 반드시 ～임을 보장하다

▶

▶

② 아래의 문장을 스스로 영작해 보고, 정답 확인 후 다시 한 번 써 보세요.

전 프로젝트 업무에 착수하기 전
만반의 준비를 갖추기 위해 노력 중이에요.

어휘: begin 시작(착수)하다 / work on ～ ～을 위한 일(업무)을 하다

▶

정답: I'm trying to get my ducks in a row

before beginning work on the project.

▶

040

Burn the midnight oil

한밤중에 기름을 태우다? (X)

밤늦게까지 공부하다(일하다)

'burn the midnight oil'이라는 표현은 기름을 태워 불을 밝히던 램프가 있던 시절에 유래된 표현이라고 합니다. 말 그대로 '한밤중(midnight)'에 '기름(oil)'을 '태운다 (burn)'는 것은 밤늦게까지 불을 밝히며 무언가를 열심히 한다는 걸 의미한다고 생각 할 수 있기 때문에 'burn the midnight oil'이라는 표현이 '밤늦게까지 공부하다(일하 다)'라는 뜻이 되었다고 생각하시면 되며, 비록 지금은 기름 램프를 태워 불을 밝히 는 않지만 이 표현은 아직까지도 폭넓게 쓰이고 있습니다. 참고로 'the midnight oil'이 란 표현은 1635년 Francis Quarles라는 작가가 쓴 'Emblemes'에서 처음으로 언급되 었다고 합니다.

① 아래의 예문을 읽고 두 번씩 써 보며 표현의 쓰임새를 정확히 파악하세요.

I have a big test tomorrow so I've been burning the midnight oil for several days.

나 내일 큰 시험이 있어서 며칠 동안
계속해서 밤늦게까지 공부했어.

어휘: have a big test 큰 시험이 있다 / for several days 며칠 동안

▶

▶

② 아래의 문장을 스스로 영작해 보고, 정답 확인 후 다시 한 번 써 보세요.

나 진이 다 빠졌어. 나 밤늦게까지 일하고
새벽 2시가 지날 때까지도 집에 안 갔어.

어휘: exhausted 진이 다 빠진, 기진맥진한 / go home 집에 가다

▶

정답: I'm exhausted. I burned the midnight oil

and didn't go home until after 2:00 a.m.

▶

031 사실 나 면접 내내 엄청 긴장했었는데.

완전 침착하게 행동했어.

▶

032 Chris는 속내를 안 드러내는 편이야.

뭔가 알고 싶다면 걔한테 굉장히 직설적으로 물어봐야 해.

▶

033 너한테 말했다시피 이건 너와 나 사이의 비밀이야.

무심코 비밀을 말하지 않도록 주의해.

▶

034 걔 오늘 본색을 제대로 드러내더라.

난 걔가 그렇게 이기적인 줄은 몰랐어.

▶

035 와, 모두들 그게 다 그 사람 잘못인 걸 아는데

그 사람은 그냥 네 탓으로 몰아가네.

▶

036 걔는 너무 이기적이야. 내 짐작에 역시

피는 못 속이지 싶어. 걔 엄마도 똑같거든.

▶

037 나 코에 여드름이 났어.

이거 진짜 엄청 도드라져 보이네. 너무 거슬린다.

▶

038 Kate는 아이들을 돌보는 동시에

전임으로 일까지 하고 있어서 할 일이 산더미처럼 많아.

▶

039 반드시 아무런 문제가 없도록

우린 만반의 준비를 해야 합니다.

▶

040 나 내일 큰 시험이 있어서

며칠 동안 계속해서 밤늦게까지 공부했어.

▶

정답 확인

031 Actually I felt really nervous during the interview,
but I acted as cool as a cucumber.

032 Chris kind of keeps his cards close to the vest. If you want
to know something you have to ask him very directly.

033 As I told you, it's a secret between you and me.
Be careful not to let the cat out of the bag.

034 He(She) really showed his(her) true colors today.
I had no idea he(she) was so selfish.

035 Wow, he(she) just threw you under the bus
when everyone knows it was his(her) fault.

036 He's(She's) very selfish. I guess the apple doesn't fall far
from the tree because his(her) mother is the same.

037 I've got a pimple on my nose.
It really sticks out like a sore thumb. It's so annoying.

038 Kate has a lot on her plate as she takes care of her kids
and works full-time at the same time.

039 We need to have our ducks in a row
to ensure that there are no problems.

040 I have a big test tomorrow
so I've been burning the midnight oil for several days.

CHAPTER

5

041

Swing
for
the fences

울타리를 향해 휘두르다? (X)

(원하는 걸 이루고자) 전력을 다하다

'swing for the fences'라는 표현은 야구에서 유래된 표현입니다. 대부분의 야구 경기에서 타자는 자신이 방망이를 '휘둘러(swing)' 공을 쳤을 때 그 공이 '울타리(fence)'를 넘어가 홈런이 되길 희망하며 있는 힘껏 공을 치기 때문에 'swing for the fences'라는 표현은 '(홈런을 위해) 공을 있는 힘껏 치다'라는 뜻이 되었습니다. 그런데 야구에서만 통용되던 이 표현은 훗날 일상 속에서도 '(자신이 원하는 걸 이루기 위해) 전력을 다하다, 최상의 노력을 하다'라는 뜻으로 쓰이게 되었는데요. 그러니까 곧 '홈런 = 내가 원하는 것 / 있는 힘껏 공을 치다 = 전력을 다하다, 최상의 노력을 하다'라고 이해하면 되겠죠?

① 아래의 예문을 읽고 두 번씩 써 보며 표현의 쓰임새를 정확히 파악하세요.

**I know I don't have enough time but
I'll be** swinging for the fences **to finish it on time.**

나도 내게 시간이 충분치 않다는 거 알아, 하지만
제시간에 이걸 끝내도록 전력을 다할 거야.

어휘: don't have enough time 시간이 충분치 않다 / on time 제시간에

▶ _____

_____

▶ _____

_____

② 아래의 문장을 스스로 영작해 보고, 정답 확인 후 다시 한 번 써 보세요.

그 사람 만만치 않은 상대가 될 거야, 그러니
그 사람을 이기고 싶으면 전력을 다해야 할 거야.

어휘: pushover 만만한(호락호락한) 상대 / beat someone ~을 이기다

▶ _____

_____

정답: He's(She's) not going to be a pushover so you'll have to

swing for the fences if you want to beat him(her).

▶ _____

_____

042

Step up one's game

누군가의 게임 수준을 높이다? (X)

~의 성과(실적)를 올리다

'step up one's game'이라는 표현에서 'step up'은 '향상시키다(올리다), 강화하다'라 는 뜻을 가진 표현입니다. 그리고 'game'이란 단어는 '게임, 경기'라는 뜻 외에도 'business(일, 사업), occupation(직업)'이라는 뜻도 가지고 있기 때문에 여기서 소개 된 'step up one's game'은 누군가의 게임 수준을 향상시키거나 높인다는 의미가 아 닌 '~의 일/사업/직업의 질을 높이다 = ~의 성과나 실적을 향상시키다(올리다)'라는 의미로 생각해 볼 수 있습니다. 일부에서는 이것이 스포츠 경기에서 비롯된 표현인데 추후 이것이 스포츠뿐만 아니라 다양한 일들의 질, 성과, 실적을 향상시킴을 의미하게 됐다고도 합니다.

① 아래의 예문을 읽고 두 번씩 써 보며 표현의 쓰임새를 정확히 파악하세요.

The new guy is fantastic. He's making us all look bad. We should step up our game.

그 신입 직원 정말 끝내줘. 우리 모두를 형편없어
보이게 만들고 있다니까. 우리 성과를 올려야 돼.

어휘: fantastic 정말 멋진, 끝내주는 / look bad 나쁘게(형편없어) 보이다

▶ _____

_____

▶ _____

_____

② 아래의 문장을 스스로 영작해 보고, 정답 확인 후 다시 한 번 써 보세요.

상사가 네 제안서를 마음에 들어 하지 않았어.
너 이 일 계속하고 싶으면 실력을 발휘해야 돼.

어휘: proposal 제안(서) / keep this job 이 일을 유지하다(계속하다)

▶ _____

_____

정답: The boss was not happy with your proposal.
You should step up your game if you want to keep this job.

▶ _____

_____

043

Knock one's socks off

누군가의 양말을 때려 눕히다? (X)

(주로 좋은 것으로) ~을 깜짝 놀라게 하다

'knock one's socks off'라는 표현은 19세기 중반부터 쓰이기 시작했다고 전해지는데, 처음엔 지금과 같은 뜻이 아닌 '~을 완벽하게 물리치다'라는 뜻이었다고 합니다. 이는 누군가를 '양말(socks)'에서 발이 튕겨져 나가 이것이 '벗겨질(off)' 만큼 세게 '때려서(knock)' 그 사람을 제압하여 완벽히 물리쳤다는 의미로 쓰였다고 추측할 수 있으며, 추후 이것이 '양말에서 발이 튕겨져 나갈 정도로 누군가를 세게 때려서 제압하다 = (발에서 양말이 벗겨져 나갈 정도로 큰 물리적 충격을 가한 것처럼 정신적으로 큰 인상(주로 좋은 인상)을 남겨) ~을 깜짝 놀라게 하다'라는 의미가 되었다고 보시면 됩니다.

① 아래의 예문을 읽고 두 번씩 써 보며 표현의 쓰임새를 정확히 파악하세요.

His(Her) performance at the concert last night just knocked my socks off! You should have seen it.

어젯밤 콘서트에서 그 사람 공연에 정말
깜짝 놀랐다니까. 너도 그걸 봤어야 해.

어휘: performance 공연 / last night 어젯밤 / should have p.p. ~했어야 한다

▶

▶

② 아래의 문장을 스스로 영작해 보고, 정답 확인 후 다시 한 번 써 보세요.

그 사람을 깜짝 놀라게 하고 싶으면,
뭔가 좀 더 창의적인 걸 생각해 내야 할 거야.

어휘: come up with something ~을 고안해(생각해) 내다 / creative 창의적인

▶

정답: If you want to knock his(her) socks off,

you'll have to come up with something more creative.

▶

044

Cut
the
mustard

머스터드를 자르다? (X)

성공하다, 기대(요구)에 부응하다

'cut the mustard'라는 표현의 유래엔 몇몇 설이 있습니다. 그 중 하나는 머스터드는 씨가 작아서 이를 자르는 것이 쉽지 않은데 이처럼 자르기 힘든 머스터드 씨를 자른다는 것은 결국 '뭔가를 잘 해낸다'는 의미로 해석 가능하기 때문에 'cut the mustard = 성공하다, 기대(요구)에 부응하다'가 되었다고 하는 설이며, 또 다른 설은 '머스터드가 가진 뜨겁고 톡 쏘는 맛'은 '인간의 열정과 에너지'를 뜻하고 이 표현에서 'cut'은 'exhibit(드러내다)'로 해석되기 때문에 'cut the mustard = 열정과 에너지를 드러내다 = (그러한 열정과 에너지를 다해) 기대/요구에 부응하다, 성공하다'라는 의미가 되었다고 하는 설입니다.

① 아래의 예문을 읽고 두 번씩 써 보며 표현의 쓰임새를 정확히 파악하세요.

The new employee just isn't cutting the mustard, and I think we should get rid of him(her).

그 신입사원 정말 기대에 못 미치고 있어요.
제 생각엔 그 직원 해고해야 할 것 같아요.

어휘: new employee 신입사원 / get rid of someone ~을 해고하다

▶

▶

② 아래의 문장을 스스로 영작해 보고, 정답 확인 후 다시 한 번 써 보세요.

아마존에서 새 노트북을 구매했는데
정말 기대했던 대로야. 성능이 굉장히 좋아.

어휘: laptop 노트북 / work well (기계 등이) 잘 돌아가다, 성능이 좋다

▶

정답: I bought a new laptop from Amazon

and it really cut the mustard. It works very well.

▶

045

Shake things up

원가를 흔들다? (X)

새로운(다른) 것을 시도하다

대부분의 사람들은 'shake'이라는 단어를 보면 대번에 '흔들다'라는 뜻을 떠올릴 겁니다. 따라서 'shake things up'이란 표현을 접하면 대부분 '무언가를 흔들다'라는 뜻으로 해석하게 될 텐데, 가만히 생각해 보면 뭔가를 흔든다는 것은 고요한 상태에 있는 무언가를 흔들어 그 상태를 깨뜨리는 '변화'를 일으킨다는 뜻으로 해석해 볼 수 있습니다. 따라서 'shake up'이란 표현은 '(정체되어 있는 것을 흔듦으로써) 변화하게 하다, 개혁하다'라는 뜻으로 해석 가능하고, 결과적으로 'shake things up'이란 말은 '(지금까지 해 온 것에서 벗어나) 새로운/다른 것을 시도하다, 변화를 일으키다'라는 의미라고 생각해 볼 수 있습니다.

① 아래의 예문을 읽고 두 번씩 써 보며 표현의 쓰임새를 정확히 파악하세요.

Let's shake things up **and try a new restaurant.**
I'm tired of eating at the same restaurants.

뭔가 다른 걸 시도할 겸 새로 생긴 식당에 가 보자.
나 같은 식당에서 먹는 거에 질렸어.

어휘: try 시도하다 / be tired of V-ing ~하는 것에 질리다(싫증이 나다)

▶

▶

② 아래의 문장을 스스로 영작해 보고, 정답 확인 후 다시 한 번 써 보세요.

제 생각에 그 사람은 정말 새로운 걸 시도했고
수많은 인습적 생각들을 타파했어요.

어휘: break 부수다, 타파하다 / conventional idea 인습적(관례적인) 생각

▶

정답: I think he(she) really shook things up

and broke a lot of conventional ideas.

▶

046

Off
the beaten
path

두드려 맞은 길에서 벗어난? (X)

발길이 닿지 않은, 잘 알려지지 않은

'beat'엔 '치다, 두드리다'라는 뜻 외에도 '걷거나 밟고 다니면서 만들다'라는 뜻도 있기 때문에 'beat a path = 걷거나 밟고 다니며 길을 만들다, beaten path = 걸어 다니면서 만들어진 길, 늘 다녀 생긴 길'과 같이 해석할 수 있습니다. 따라서 'off the beaten path'는 '늘 다니던 길을 벗어난 = 발길이 닿지 않은, 잘 알려지지 않은'이라는 뜻으로 해석 가능하며, 참고로 Henry David Thoreau의 저서에 나온 'it was safest to follow the beaten track(path) of the professions(통상적으로 하는 일을 따라가는 것이 가장 안전했다)'라는 글귀에서도 알 수 있듯이 'beaten path'는 '보통의 (통상적인) 방식'이라고도 해석 가능합니다.

① 아래의 예문을 읽고 두 번씩 써 보며 표현의 쓰임새를 정확히 파악하세요.

I'm planning to go somewhere off the beaten path
for the summer holidays.

난 이번 여름 휴가 때 사람들 발길이 닿지 않은
곳으로 떠날 계획 중이야.

어휘: be planning to V ~할 계획 중이다 / summer holidays 여름 휴가

▶

▶

② 아래의 문장을 스스로 영작해 보고, 정답 확인 후 다시 한 번 써 보세요.

이 식당은 잘 알려진 곳은 아니지만
음식이 굉장히 훌륭해. 너도 분명 여길 좋아하게 될 거야.

어휘: very good food 굉장히 훌륭한 음식 / I'm sure ~ 분명 ~이다(일 것이다)

▶

정답: This restaurant is off the beaten path

but has very good food. I'm sure you'll love this place.

▶

Burn the candle at both ends

초를 양쪽에서 태우다? (X)

무리하다, 과로하다

'burn the candle at both ends'라는 표현은 17세기경 프랑스에서 유래되었다고 전해 집니다. 그 당시 '초(candle)'는 상당히 비싸고 귀한 물건이었기 때문에 이를 '양쪽 (both ends)'에서 '태운다(burn)'는 것은 그만큼 귀중한 것을 낭비하는 걸로 여겨졌을 것입니다. 따라서 'burn the candle at both ends'는 단순히 초를 양쪽에서 태운다는 뜻이 아닌, 그렇게 비싸고 귀한 초를 양쪽에서 태우며 밤새도록 불을 밝힐 만큼 뭔가 많은 일을 한다는 걸 뜻하게 되었습니다. 그리고 이 표현은 단순히 '일을 많이 한다'는 뉘앙스가 아닌, '일을 과도하게 많이 해서 지치고 무리한다'는 뉘앙스로 쓰니 참고해 두시기 바랍니다.

① 아래의 예문을 읽고 두 번씩 써 보며 표현의 쓰임새를 정확히 파악하세요.

He's(She's) been burning the candle at both ends
for a month. I'm worried about him(her).

걔 한 달 내내 너무 무리해서 일하고 있어.
나 걔가 걱정돼.

어휘: for a month 한 달 내내 / be worried about someone ~을 걱정하다

▶

▶

② 아래의 문장을 스스로 영작해 보고, 정답 확인 후 다시 한 번 써 보세요.

너무 무리하는 바람에 지치지는 말도록 해.
건강이 가장 중요하다고.

어휘: exhaust oneself by V-ing ~을 해서(하는 바람에) 지치다 / health 건강

▶

정답: Do not exhaust yourself by burning the candle at both ends.

Health is most important.

▶

048

Bite
the
bullet

총알을 깨물다? (X)

이를 악물고 하다, 꾹 참다

'bite the bullet'이란 표현은 'American Civil War(미국남북전쟁)'에서 유래되었다는 설이 가장 유명합니다. 남북전쟁 당시 전쟁터에서 부상을 당해 수술이 필요한 병사들을 군의관들이 수술할 때, 진통제나 마취제가 없을 경우 다친 병사에게 '총알(bullet)'을 입에 꽉 '물고(bite)' 있게끔 하여 수술 통증에 신경 쓰지 않고 '총알을 물고 있는 것'에만 온 신경을 집중하도록 만들어 통증을 잘 견뎌 내며 수술이 진행되게끔 만들었다고 합니다. 따라서 이로부터 'bite the bullet = (수술 통증에 신경 쓰지 않도록) 총알을 입에 물다 = (피할 수 없는 일을) 이를 악물고 하다, 꾹 참다'라는 뜻이 유래되었다고 보시면 됩니다.

① 아래의 예문을 읽고 두 번씩 써 보며 표현의 쓰임새를 정확히 파악하세요.

We are going to just have to bite the bullet
and get this project finished by Friday.

우린 그저 이를 악물고
이 프로젝트를 금요일까지 끝내야 해요.

어휘: get something finished by A ~을 A(라는 시기)까지 끝내다

▶

▶

② 아래의 문장을 스스로 영작해 보고, 정답 확인 후 다시 한 번 써 보세요.

이게 네가 원하는 게 아니란 걸 알아.
하지만 꼭 참고 네 나름대로 최선을 다해야 해.

어휘: have to V ~해야 한다 / make the best of it 나름대로의 최선을 다하다

▶

정답: I know it's not what you want,

but you have to bite the bullet and make the best of it.

▶

049

Get off one's high horse

높은 말에서 내리다? (X)

거만한(잘난 체하는) 태도를 버리다

예전 중세 시대 권력자들은 키가 큰 말, 즉 'high horse(높은 말)'을 탄 채 예복을 입고 대중 앞에 모습을 드러내며 자신들의 권력을 과시했습니다. 키가 큰 말을 타면 땅에서 높이 솟아 있는 듯한 모습으로 대중들을 깔보듯이 내려다 보며 자신들이 더 우월한 존재라는 이미지를 심어 줄 수 있었기 때문이죠. 따라서 'high horse'는 후대로 내려오면서 '거만, 오만, 잘난 체'를 뜻하게 되었고, 이로부터 'on one's high horse = 높은 말에 올라탄 = 거만하게 구는, 잘난 체하는'이라는 표현과 함께 'get off one's high horse = 높은 말에서 내리다 = 거만한(잘난 체하는) 태도를 버리다'란 표현이 생겼다고 보시면 됩니다.

① 아래의 예문을 읽고 두 번씩 써 보며 표현의 쓰임새를 정확히 파악하세요.

He's(She's) never going to make friends
until he(she) gets off his(her) high horse.

개는 잘난 체하는 태도를 버릴 때까진
절대 친구를 못 사귈 거야.

어휘: be never going to V ~하지 못할 것이다 / make friends 친구를 사귀다

▶

▶

② 아래의 문장을 스스로 영작해 보고, 정답 확인 후 다시 한 번 써 보세요.

건방 좀 그만 떨고 다른 사람들보다
더 아는 것처럼 구는 것도 그만둬.

어휘: stop acting like ~ ~인 것처럼 구는 것을 그만두다 / know more 더 알다

▶

정답: Get off your high horse and stop acting like you know

more than other people.

▶

131

050

Bite off more than one can chew

씹을 수 있는 것보다 더 베어 물다? (X)

감당 못할 일을 하다, 과욕을 부리다

'bite off more than one can chew'라는 표현은 한 번에 '씹어(chew)' 먹을 수 있는 양보다 '더 많은(more)' 양의 음식을 입으로 '베어 물어(bite off)' 음식이 입 밖으로 비죽비죽 튀어나오는 모습을 상상하면 이해가 쉽습니다. 감당 못할 양의 음식을 입으로 베어 문 모습이 마치 분에 넘치는 일을 떠맡거나 지나친 욕심을 부려 감당 못하게 되는 모습과 비슷하지 않나요? 따라서 이로부터 'bite off more than one can chew = 씹을 수 있는 것보다 더 베어 물다 = 감당 못할 일을 하다, 과욕을 부리다'라는 표현이 유래되었다고 보시면 되며, 이 표현은 중세 시대부터 쓰이기 시작했다고 전해집니다.

① 아래의 예문을 읽고 두 번씩 써 보며 표현의 쓰임새를 정확히 파악하세요.

Don't bite off more than you can chew.
Get someone to help you carry that.

너무 과욕 부리지 마.
누구한테 그거 옮기는 것 좀 도와 달라고 해.

어휘: get someone to help you V 누구한테 네가 ~하는 걸 도와달라고 하다

▶ _____

▶ _____

② 아래의 문장을 스스로 영작해 보고, 정답 확인 후 다시 한 번 써 보세요.

나 감당 못할 일을 저지른 거 같아.
이 프로젝트를 금요일까지 끝낼 방도가 없어.

어휘: I think ~ (내 생각에) ~인 것 같다 / there's no way to V ~할 방도가 없다

▶ _____

정답: I think I bit off more than I could chew.

There's no way to finish this project by Friday.

▶ _____

041 그 사람 만만치 않은 상대가 될 거야.

　　그러니 그 사람을 이기고 싶으면 전력을 다해야 할 거야.

▶

042 상사가 네 제안서를 마음에 들어 하지 않았어.

　　너 이 일 계속하고 싶으면 실력을 발휘해야 돼.

▶

043 그 사람을 깜짝 놀라게 하고 싶으면,

　　뭔가 좀 더 창의적인 걸 생각해 내야 할 거야.

▶

044 아마존에서 새 노트북을 구매했는데

　　정말 기대했던 대로야. 성능이 굉장히 좋아.

▶

045 뭔가 다른 걸 시도할 겸 새로 생긴 식당에 가 보자.

　　나 같은 식당에서 먹는 거에 질렸어.

▶

046 난 이번 여름 휴가 때

사람들 발길이 닿지 않은 곳으로 떠날 계획 중이야.

▶

047 너무 무리하는 바람에 지치지는 말도록 해.

건강이 가장 중요하다고.

▶

048 우린 그저 이를 악물고

이 프로젝트를 금요일까지 끝내야 해요.

▶

049 걔는 잘난 체하는 태도를 버릴 때까진

절대 친구를 못 사귈 거야.

▶

050 나 감당 못할 일을 저지른 거 같아.

이 프로젝트를 금요일까지 끝낼 방도가 없어.

▶

정답 확인

041 He's(She's) not going to be a pushover so you'll have to
swing for the fences if you want to beat him(her).

042 The boss was not happy with your proposal.
You should step up your game if you want to keep this job.

043 If you want to knock his(her) socks off,
You'll have to come up with something more creative.

044 I bought a new laptop from Amazon
and it really cut the mustard. It works very well.

045 Let's shake things up and try a new restaurant.
I'm tired of eating at the same restaurants.

046 I'm planning to go somewhere off the beaten path
for the summer holidays.

047 Do not exhaust yourself by burning the candle at both ends.
Health is most important.

048 We are going to just have to bite the bullet
and get this project finished by Friday.

049 He's(She's) never going to make friends
until he(she) gets off his(her) high horse.

050 I think I bit off more than I could chew.
There's no way to finish this project by Friday.

CHAPTER

051

Put all one's eggs in one basket

바구니 한 개에 모든 달걀을 담다? (X)

하나에(한 번에) 모든 것을 걸다

'put all one's eggs in one basket'이라는 표현은 1710년경 Samuel Palmer의 Moral Essays on Proverbs에서 처음으로 쓰였다고 전해집니다. 이 표현은 '모든 달걀(all one's eggs)'을 여러 개의 바구니에 나누어 담지 않고 오로지 '하나의 바구니(one basket)'에만 몽땅 다 '담았다가(put)' 바구니가 실수로 바닥에 떨어졌을 경우 모든 달걀이 한 순간에 다 깨질 수도 있다는 것에서 'put all one's eggs in one basket = (자칫하면 바구니가 바닥에 떨어져 한 순간에 모든 달걀이 다 깨질 수 있는 위험이 있음에도) 바구니 한 개에 모든 달걀을 담다 = 하나에(한 번에) 모든 것을 걸다'라는 표현이 유래되었다고 보시면 됩니다.

① 아래의 예문을 읽고 두 번씩 써 보며 표현의 쓰임새를 정확히 파악하세요.

I applied to 10 different companies for jobs.
There's no sense in putting all my eggs in one basket.

나 취직하려고 회사 10군데에 지원했어.
한 곳에만 목숨 걸고 지원하는 건 무분별한 짓이야.

어휘: apply 지원하다 / there's no sense in V-ing ~하는 건 무분별한 짓이다

▶

▶

② 아래의 문장을 스스로 영작해 보고, 정답 확인 후 다시 한 번 써 보세요.

한 곳에 몽땅 다 투자하는 건 너무 위험해.
여러 개의 채권에 분산 투자를 하도록 해.

어휘: spread one's investments over ~ ~에 분산 투자를 하다 / bond 채권

▶

정답: It is too dangerous to put all your eggs in one basket.

Spread your investments over several bonds.

▶

052

Cut corners

모퉁이를 자르다? (X)

절차를 생략(무시)하다, 날림으로 하다

'cut corners'라는 표현은 오래 전 마차를 모는 사람이 좀 더 빨리 가기 위해 '현재 노선에서 모퉁이(corner)를 돌아서 가는 경로를 쳐내는(cut) 것 = 모퉁이를 돌지 않고 원래 길을 벗어나 지름길로 빨리 가는 것'을 상상하시면 됩니다. 이렇게 하면 목적지엔 빨리 도착할 수 있겠지만, 자칫하면 마차를 너무 빨리 몰아 바퀴가 부러지는 사고가 발생할 수도 있습니다. 따라서 이로부터 'cut corners = (사고가 날 가능성이 다분하지만 빨리 가기 위해 원래의 길을 벗어나 모퉁이를 돌지 않고) 지름길로 빨리 가다 = (일을 쉽게 하거나 돈을 아끼기 위해) 절차를 생략/무시하다, 날림으로 하다'라는 표현이 유래되었다고 보시면 됩니다.

① 아래의 예문을 읽고 두 번씩 써 보며 표현의 쓰임새를 정확히 파악하세요.

Stop cutting corners and just follow the instructions.
It has to be done thoroughly.

절차 무시하지 말고 그냥 지시 사항대로 해.
이거 철저하게 마무리돼야 한다고.

어휘: follow the instructions 지시 사항을 따르다 / thoroughly 철저하게

▶

▶

② 아래의 문장을 스스로 영작해 보고, 정답 확인 후 다시 한 번 써 보세요.

그 사람이 일은 더 빨리 끝내는데
항상 날림으로 해서 실수가 엄청 많아.

어휘: finish one's work fast 일을 빨리 끝내다 / make a mistake 실수하다

▶

정답: He(She) finishes his(her) work faster but makes a lot of

mistakes because he's(she's) always cutting corners.

▶

Beat a dead horse

죽은 말을 때리다? (X)

(가망 없는 일에) 헛수고를 하다

'beat a dead horse'라는 표현은 1800년대 중반 즈음 유래되었다고 알려져 있습니다. 여러분도 아시다시피 말을 좀 더 빨리 달리게 하려면 채찍으로 '때려서(beat)' 말이 달리는 속도를 높이게끔 하는데요. 그런데 살아 있는 말도 아닌 '죽은 말(dead horse)'을 채찍으로 때려 봐야 갑자기 죽었던 말이 다시 살아나서 달리게 될 리가 없기 때문에 'beat a dead horse'라는 표현은 '죽은 말을 (채찍질해서) 때리다 = (가망 없는 일에) 헛수고를 하다, 뒷북을 치다'라는 뜻을 가지게 되었다고 보시면 됩니다. 참고로 이와 비슷한 표현으로는 'flog(매/채찍으로 때리다)'라는 단어를 쓴 'flog a dead horse'라는 표현이 있습니다.

① 아래의 예문을 읽고 두 번씩 써 보며 표현의 쓰임새를 정확히 파악하세요.

Stop beating a dead horse. **We've already made a decision and nothing's going to change.**

헛수고 그만해. 우린 이미 결정을 내렸고
아무것도 바뀌는 건 없을 거야.

어휘: make a decision 결정하다 / nothing's going to V 아무것도 ~하는 건 없다

▶

▶

② 아래의 문장을 스스로 영작해 보고, 정답 확인 후 다시 한 번 써 보세요.

난 헛짓거리 하는 데 지쳤어. 걔한테 이걸 아무리
설명해 봐야 절대 이해 못할 거야.

어휘: be tired of V-ing ~하는 데 지치다 / no matter how ~ 아무리 ~래 봐야

▶

정답: I'm tired of beating a dead horse. No matter how I explain it
to him(her) he(she) will never understand.

▶

054

It ain't over till the fat lady sings

뚱뚱한 숙녀가 노래할 때까지 끝나지 않는다? (X)
아직 끝난 게 아니다, 아직 희망이 있다

이 표현은 오페라 Ring Cycle의 마지막 악장극에서 Brunnhilde이란 역의 뚱뚱한 여성이 부른 솔로곡에서 유래되었다고 전해집니다. 이 오페라는 상영 시간이 상당히 긴데, 만약 누군가 '이거 언제 끝나지?'라는 질문을 던진다면 '마지막 악장극에서 솔로곡을 부르는 Brunnhilde 역할의 뚱뚱한 여성이 노래할 때까진 끝난 게 아니다'라고 답할 수 있을 것입니다. 따라서 이로부터 'it ain't over till the fat lady sings = (Brunnhilde 역할의) 뚱뚱한 숙녀가 노래할 때까진 (오페라가) 끝난 게 아니다 = 아직 끝난 게 아니다'라는 표현이 나왔다고 생각하면 되며, 이는 '아직 희망이 있다, 길고 짧은 건 대봐야 안다'라는 뜻으로도 사용 가능합니다.

① 아래의 예문을 읽고 두 번씩 써 보며 표현의 쓰임새를 정확히 파악하세요.

Our team is losing this game, but
it ain't over till the fat lady sings. We can win!

우리 팀이 이 게임에서 지고 있지만,
길고 짧은 건 대봐야 아는 거야. 우린 이길 수 있어!

어휘: lose the game 게임에 패배하다 / win 이기다, 승리하다

▶
_____

·
▶
_____

② 아래의 문장을 스스로 영작해 보고, 정답 확인 후 다시 한 번 써 보세요.

마감 전까지 할 일이 아직도 많긴 하지만,
아직은 끝난 게 아니야. (아직 끝낼 수 있는 희망이 있어.)

어휘: have a ton of work to do 할 일이 많다 / deadline 마감 기한

▶
_____

정답: I still have a ton of work to do before the deadline,

but it ain't over until the fat lady sings.

▶
_____

055

Low hanging fruit

낮게 매달려 있는 과일? (X)

손쉽게 공략 가능한 목표(물)

'low hanging fruit'이라는 표현은 문자의 뜻을 그대로 직역해서 접근해도 쉽게 이해
가능합니다. 자, 여러분이 생각했을 때에도 높은 가지에 매달려 있는 과일보다는 아래
쪽 가지에 낮게(low) 매달려(hanging) 있는 과일(fruit)이 따 먹기에 훨씬 용이하고 쉬
울 것입니다. 따라서 이로부터 'low hanging fruit = (따 먹기가 훨씬 용이하고 쉬운)
낮게 매달려 있는 과일 = 손쉽게 공략 가능한 목표(물)'이라는 표현이 유래되었다고
생각하시면 되며, 이 표현은 수백 년 동안 다양한 은유적인 표현으로서 사용되어 왔
으나 1900년대 중반에 들어서면서 많은 사람들이 흔히 즐겨 쓰는 일상적 관용구가
되었다고 합니다.

① 아래의 예문을 읽고 두 번씩 써 보며 표현의 쓰임새를 정확히 파악하세요.

He(She) always looks busy but he's(She's) just busy grabbing low hanging fruit.

그 사람은 항상 바빠 보이지만
하기 쉬운 일이나 하면서 바쁜 것뿐이야.

어휘: look busy 바빠 보이다 / grab low hanging fruit 하기 쉬운 일을 하다

▶

▶

② 아래의 문장을 스스로 영작해 보고, 정답 확인 후 다시 한 번 써 보세요.

우리 오늘 할 일이 굉장히 많은데 내 생각엔
쉽게 할 수 있는 것부터 시작해야 할 것 같아.

어휘: have a lot of things to do 할 일이 많다 / start with ~ ~부터 시작하다

▶

정답: We have a lot of things to do today and I think we should
start with the low hanging fruit.

▶

Like shooting fish in a barrel

통 안에 든 물고기를 쏘는 것과 같은? (X)

식은 죽 먹기인

'like shooting fish in a barrel'이라는 표현은 말 그대로 '통(barrel)' 안에 든 '물고기 (fish)'를 총으로 '쏘는 것(shooting)'에서 유래되었다고 전해집니다. 냉장고가 발명되기 전 사람들은 시장에서 물고기를 팔 때 물고기를 큰 통에 꽉꽉 채운 뒤 이를 사장에 진열하여 팔았다고 하는데요. 이렇듯 빈틈없이 물고기로 꽉 들어찬 통을 총으로 쏘면 아무리 못해도 최소 물고기 한 마리는 맞힐 수 있을 것입니다. 따라서 이로부터 'like shooting fish in a barrel = (한 마리도 못 맞추는 게 불가능할 정도로 물고기로 꽉꽉 들어찬) 통 안의 물고기를 쏘는 것과 같은 = 식은 죽 먹기인'이라는 표현이 유래되었다고 보시면 됩니다.

① 아래의 예문을 읽고 두 번씩 써 보며 표현의 쓰임새를 정확히 파악하세요.

I think you can make it. It'll be like shooting fish
in a barrel**! So don't worry, just go for it.**

난 네가 할 수 있다고 봐. 이건 식은 죽 먹기일 거라니까!
그러니 걱정 말고, 그냥 해 봐.

어휘: make it 해내다 / go for it (상대방을 격려할 때) 해 봐

▶

▶

② 아래의 문장을 스스로 영작해 보고, 정답 확인 후 다시 한 번 써 보세요.

난 걜 쥐락펴락하거든. 그래서
걜 설득하는 건 식은 죽 먹기처럼 쉬워.

어휘: it's easy to V ~하는 것은 쉽다 / persuade 설득하다

▶

정답: I have him(her) eating out of the palm of my hand, so

it's easy to persuade him(her) like shooting fish in a barrel.

▶

057

Hands down

손을 아래로 내린? (X)

수월하게, (의심할 여지없이) 확실히

'경마(horse racing)'에서 기수들은 말의 고삐를 꽉 잡거나 느슨하게 놓는 식으로 타고 있는 말의 속도와 방향을 조절합니다. 그런데 경주 막바지에 이르렀을 때 기수가 자신이 다른 경쟁자들보다 훨씬 앞서 있어 100% 승리할 것이 확실하다고 여겨질 경우, 이럴 땐 더 이상 고삐를 꽉 잡고 있을 필요가 없기 때문에 '손을 아래로 내려(hands down)' 고삐를 편하게 놓은 상태로 결승선을 끊고 들어가게 됩니다. 따라서 'hands down'이라는 표현은 '(더 이상 고삐를 꽉 잡을 필요가 없을 만큼 승리가 확실하니) 손을 아래로 내리고 = 수월하게, (의심할 여지없이) 확실히'란 뜻으로 쓰이게 되었다고 보시면 됩니다.

① 아래의 예문을 읽고 두 번씩 써 보며 표현의 쓰임새를 정확히 파악하세요.

He's(She's) been training very hard
so I'm sure he(she) will win the game hands down.

그 사람 굉장히 열심히 훈련해 왔거든.
그래서 난 그 사람이 게임에서 가뿐하게 이길 거라 확신해.

어휘: train very hard 열심히 훈련하다 / win the game 게임에서 이기다

▶

▶

② 아래의 문장을 스스로 영작해 보고, 정답 확인 후 다시 한 번 써 보세요.

이건 확실히 이제껏 내가 먹었던 것 중 최고의 스테이크야.
고기가 연하고 정말 잘 구워졌어.

어휘: tender 연한 / beautifully cooked 잘 요리된 (고기의 경우 '잘 구워진')

▶

정답: This is hands down the best steak I've ever had.

It's tender and beautifully cooked.

▶

Show someone the ropes

누군가에게 밧줄을 보여 주다? (X)

~에게 방법(요령)을 가르쳐 주다

'show someone the ropes'라는 표현은 '범선(sailing ships)' 활동이 황금기를 이루었던 시기에 유래되었다고 전해집니다. 범선에서는 선원이 배와 돛을 조작하는 데에 중요한 역할을 하는 '밧줄(ropes)'을 다루는 법을 아는 것이 필수였습니다. 따라서 신참내기 선원이 있을 경우 이들에게 밧줄을 '보여 주면서(show)' 이를 다루는 방법이나 요령을 가르쳤고, 따라서 이로부터 'show someone the ropes = (신참내기 선원에게 배와 돛을 다루는 데 필수인 밧줄 다루는 법을 가르쳐 주기 위해) ~에게 밧줄을 보여 주다 = ~에게 방법(요령)을 가르쳐 주다'라는 표현이 유래되었다고 생각하시면 됩니다.

① 아래의 예문을 읽고 두 번씩 써 보며 표현의 쓰임새를 정확히 파악하세요.

Alex, he's(she's) new to our team
and I want you to show him(her) the ropes.

Alex, 이분은 우리 팀이 처음이니까
당신이 이분에게 방법을 좀 가르쳐 줬으면 해요.

어휘: new to ∼ ∼에 처음인 / I want you to V 당신이 ∼했으면 한다

▶

▶

② 아래의 문장을 스스로 영작해 보고, 정답 확인 후 다시 한 번 써 보세요.

전에 이걸 해 본 적이 없어서 누군가에게
방법을 좀 알려 달라고 할 수도 있을 것 같아요.

어휘: use someone to V ∼에게(∼라는 사람을 써서) ∼해 달라고 하다

▶

정답: I've never done this before and could use someone

to show me the ropes.

▶

059

Like
riding
a bike

자전거를 타는 것과 같이? (X)

한 번 배우면 잘하는(절대 안 잊는)

'like riding a bike'라는 표현은 1860년경 프랑스에서 처음으로 쓰이기 시작했다고 전해지며, 이 표현은 말 그대로 '자전거 타는 것(riding a bike)'을 배우는 걸 생각하면 이해가 빠릅니다. 자전거를 배울 땐 중심을 잡고 페달을 밟으며 앞으로 나아가는 연습을 하게 되고, 일단 이것이 한 번 몸에 익게 되면 후엔 자전거를 잘 타게 됩니다. 즉, 자전거를 타는 데 필요한 감각이 '근육에 각인된 기억(muscle memory)'으로 남아 절대 안 잊게 되는 것이죠. 따라서 이로부터 'like riding a bike = (한 번 익히면 그 방법을 안 잊는) 자전거를 타는 것과 같이 = 한 번 배우면 잘하는(절대 안 잊는)'이라는 표현이 유래되었다고 보시면 됩니다.

① 아래의 예문을 읽고 두 번씩 써 보며 표현의 쓰임새를 정확히 파악하세요.

**You said you haven't played the guitar in years,
but that's no problem. It's** like riding a bike.

몇 년간 기타를 안 치셨다고 했는데 그건 문제가 안 돼요.
이건 한 번 배우면 절대 안 잊어버리거든요.

어휘: you said ~ 넌 ~라고 했다 / haven't p.p. in years 몇 년간 ~하지 않았다

▶

▶

② 아래의 문장을 스스로 영작해 보고, 정답 확인 후 다시 한 번 써 보세요.

외국어를 말하는 건 한 번 배운다고 잘할 수 있는 게 아냐.
너 계속해서 연습해야 돼.

어휘: foreign language 외국어 / continually 계속해서 / practice 연습하다

▶

정답: Speaking a foreign language is not like riding a bike.

You have to continually practice it.

▶

060

Jack
of
all trades

모든 분야의 Jack이란 사람? (X)

뭐든지 다 할 줄 아는 사람, 만물박사

'Jack of all trades'라는 표현에서 'Jack'은 특정인의 이름이 아닌 'common man(보통 사람)'을 가리키는 말로서 lumberjack(벌목꾼), steeplejack(수리공)과 같이 다양한 분야(trades)의 직업 명칭에 쓰이는 것과 함께 jackscrew(나사식 잭)과 같은 실용품 명칭에도 쓰였습니다. 따라서 이로부터 'Jack of all trades = 모든 분야에서 활동하는 사람 = 무엇이든 하는 사람, 만물박사'란 표현이 유래되었다고 보시면 됩니다. 하지만 나중엔 'master of none(그 무엇도 마스터하지 못한 사람)'이란 표현까지 붙어 'Jack of all trades, master of none(무엇이든 다 하지만 특별히 잘하는 건 없는 사람)'이라고도 쓰이게 되었습니다.

① 아래의 예문을 읽고 두 번씩 써 보며 표현의 쓰임새를 정확히 파악하세요.

He's(She's) not a jack of all trades
but he's(she's) really good at marketing.

그 사람은 뭐든지 다 할 줄 아는 건 아니지만,
마케팅은 진짜 잘해.

어휘: be good at V-ing ~하는 것을 잘하다, ~하는 것에 능하다

▶

▶

② 아래의 문장을 스스로 영작해 보고, 정답 확인 후 다시 한 번 써 보세요.

그 사람을 팀에 데려오려고 몇 년간 노력 중이야.
그 사람 정말 뭐든지 다 할 줄 알거든.

어휘: get someone on my team ~을 팀에 데려오다 / for years 몇 년간

▶

정답: I have been trying to get him(her) on my team for years.

He's(She's) a real jack of all trades.

▶

051 한 곳에 몽땅 다 투자하는 건 너무 위험해.

여러 개의 채권에 분산 투자를 하도록 해.

▶

052 그 사람이 일은 더 빨리 끝내는데

항상 날림으로 해서 실수가 엄청 많아.

▶

053 헛수고 그만해. 우린 이미 결정을 내렸고

아무것도 바뀌는 건 없을 거야.

▶

054 우리 팀이 이 게임에서 지고 있지만,

길고 짧은 건 대봐야 아는 거야. 우린 이길 수 있어!

▶

055 우리 오늘 할 일이 굉장히 많은데

내 생각에 쉽게 할 수 있는 것부터 시작해야 할 것 같아.

▶

056 난 걜 쥐락펴락하거든.

그래서 걜 설득하는 건 식은 죽 먹기처럼 쉬워.

▶

057 이건 확실히 이제껏 내가 먹었던 것 중 최고의 스테이크야.

고기가 연하고 정말 잘 구워졌어.

▶

058 Alex, 이분은 우리 팀이 처음이니까

당신이 이분에게 방법을 좀 가르쳐 줬으면 해요.

▶

059 외국어를 말하는 건 한 번 배운다고 잘할 수 있는 게 아냐.

너 계속해서 연습해야 돼.

▶

060 그 사람을 팀에 데려오려고 몇 년간 노력 중이야.

그 사람 정말 뭐든지 다 할 줄 알거든.

▶

051 It is too dangerous to put all your eggs in one basket.
Spread your investments over several bonds.

052 He(She) finishes his(her) work faster but makes a lot of mistakes
because he's(she's) always cutting corners.

053 Stop beating a dead horse. We've already made a decision
and nothing's going to change.

054 Our team is losing this game,
but it ain't over till the fat lady sings. We can win!

055 We have a lot of things to do today
and I think we should start with the low hanging fruit.

056 I have him(her) eating out of the palm of my hand,
so it's easy to persuade him(her) like shooting fish in a barrel.

057 This is hands down the best steak I've ever had.
It's tender and beautifully cooked.

058 Alex, he's(she's) new to our team
and I want you to show him(her) the ropes.

059 Speaking a foreign language is not like riding a bike.
You have to continually practice it.

060 I have been trying to get him(her) on my team for years.
He's(She's) a real jack of all trades.

CHAPTER

7

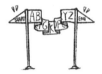

The whole nine yards

9야드 전체? (X)

(필요한 게 다 들어간) 모든 것, 완전한 것

'the whole nine yards'라는 표현의 유래와 관련해서는 몇몇 설이 있습니다만, 그 중 어떤 설이 '맞다'라고는 정확히 결론 내려지지 않은 상태입니다. 유래들 중 몇 가지를 보면, 남성용 정장 한 벌을 지을 때 '9야드(nine yards)' 길이의 옷감이 필요했는데 이 9야드 길이의 옷감을 '전부 다(whole)' 사용하면 최상의 품질을 가진 정장을 만들 수 있었기 때문에 'the whole nine yards'가 '모든 것, 완전한 것'이란 뜻이 되었다는 설도 있고, 2차 세계대전 중 전투기에서 기관총으로 적을 쏠 때 탄알을 최대한도로 많이 쏘기 위해선 '27피트(= 9야드) 길이의 탄띠'가 필요했기 때문에 '모든 것, 완전한 것'이라는 뜻이 되었다는 설도 있습니다.

① 아래의 예문을 읽고 두 번씩 써 보며 표현의 쓰임새를 정확히 파악하세요.

We tried our best and went the whole nine yards
to finish this project on time.

우린 최선을 다해 이 프로젝트를 제때 끝내려고
할 수 있는 모든 걸 다 했어.

어휘: try one's best 최선을 다하다 / finish A on time A를 제때 끝내다

▶ _____

_____

▶ _____

_____

② 아래의 문장을 스스로 영작해 보고, 정답 확인 후 다시 한 번 써 보세요.

그 사람은 확실히 실수가 없게 하려고
항상 모든 걸 빠짐없이 완벽하게 해.

어휘: make sure ~ 확실히 ~이게 하다 / there is no ~ ~이 없다

▶ _____

_____

정답: He(She) always goes the whole nine yards to make sure

there is no mistake.

▶ _____

_____

062

Up
to
speed

속도에 이르는? (X)

기대했던 수준인, 최신 정보를 다 갖춘

'up to speed'라는 표현의 유래에 대해선 여러 가지 설들이 있습니다. 일부에서는 이것이 자동차 경주에서 경기 초반 차의 '속도(speed)'를 최대치에 '이르게 하는(up to)' 것에서 유래되었다는 말도 있고, 다른 한편으로는 이것이 기계나 동물의 작동(동작) 속도가 최적에 이른 상태를 묘사하는 것에서 유래되었다는 말도 있습니다. 하지만 이 모든 설들은 하나 같이 '기대에 부응하는 수준이나 속도에 이른 상태'를 묘사하고 있죠? 또한 'up to speed'라는 표현은 '최신 정보나 지식을 다 갖춘 상태'를 지칭할 때도 쓰이며, 'bring'과 함께 'bring someone up to speed = ～에게 최신 정보(지식)을 빠짐없이 알려 주다'와 같이 곧잘 쓰입니다.

① 아래의 예문을 읽고 두 번씩 써 보며 표현의 쓰임새를 정확히 파악하세요.

After about an hour of training,
you should be up to speed and used to it.

1시간 가량 교육을 받은 후엔,
기대 수준에 도달한 뒤 이에 익숙해져야 합니다.

어휘: after ~ training ~인 교육을 받은 후엔 / be used to ~ ~에 익숙하다

▶

▶

② 아래의 문장을 스스로 영작해 보고, 정답 확인 후 다시 한 번 써 보세요.

제가 며칠간 사무실에 없었거든요.
뭐가 어떻게 돌아가고 있는지 빠짐없이 다 알려 주세요.

어휘: what's been happening (현재까지) 있었던 일, 돌아가고 있는 상황

▶

| 정답: I was out of the office for a few days. |
| Bring me up to speed on what's been happening. |

▶

063

As
fit
as a fiddle

바이올린만큼 최적의 상태인? (X)

컨디션이 최상인, 매우 건강한(정정한)

'As fit as a fiddle'이라는 표현은 17세기 초반부터 쓰이기 시작했다고 전해지면, 이 표현은 말 그대로 '바이올린(fiddle)'의 상태가 '최적인(fit)' 것에서 비롯되었다고 합니다. 바이올린 같은 악기는 연주에 앞서 모든 줄이 팽팽한 상태여야 하고 조율 또한 완벽히 돼 있어야 하는데, 이 같이 연주를 앞두고 상태가 최적인 바이올린을 사람의 좋은 컨디션에 빗대어 'As fit as a fiddle = (연주를 앞두고 모든 것이 완벽히 세팅된) 바이올린만큼 최적의 상태인 = 컨디션이 최상인, 매우 건강한(정정한)'이라는 표현이 유래되었다고 합니다. 하지만 모든 악기들 중 왜 '바이올린'에 빗대어 말하게 됐는지 그 이유는 명확하지 않습니다.

① 아래의 예문을 읽고 두 번씩 써 보며 표현의 쓰임새를 정확히 파악하세요.

Don't worry. I've completely recovered
from my surgery and I feel as fit as a fiddle now.

걱정하지 마. 나 수술 받고 나서 완전히 회복했고
지금 컨디션이 아주 최상이야.

어휘: completely 완전히 / recover from one's surgery 수술 받고 나서 회복하다

▶

▶

② 아래의 문장을 스스로 영작해 보고, 정답 확인 후 다시 한 번 써 보세요.

너 지금 분명 엄청나게 피곤할 거야.
하지만 하룻밤 푹 자고 나면 컨디션이 최상이 될 거야.

어휘: feel tired 피곤함을 느끼다 / with a good night's sleep 하룻밤 푹 자면

▶

정답: You must be feeling very tired now.

But with a good night's rest, you will feel as fit as a fiddle.

▶

064

The best thing since sliced bread

잘려진 빵 이래로 최고인 것? (X)

기가 막히게 좋은(재미있는) 것

오래 전 사람들은 '빵(bread)'을 손으로 만들었지만 시간이 지나면서 제분/절단 기계 등을 만들기 시작했고 1928년엔 Otto Frederick Rohwedder라는 사람이 빵을 '자른 (slice)' 후 '포장(wrap)'까지 하는 기계를 만들기에 이르렀습니다. 당시 이 기계를 광고할 때 'greatest forward step in the baking industry since bread was wrapped(빵이 포장되기 시작한 이래 제빵 업계에 있어 가장 훌륭한 진보)'라는 문구를 썼는데, 사람들은 이 문구를 재미있게 여겨 이를 활용하여 'the best thing since sliced bread = 자른(잘라 파는) 빵이 나온 이래 가장 훌륭한 것 = 기가 막히게 좋은(재미있는) 것'이란 말을 쓰기 시작했다고 합니다.

① 아래의 예문을 읽고 두 번씩 써 보며 표현의 쓰임새를 정확히 파악하세요.

Have you tried this new coffee? I love it.

It's the best thing since sliced bread.

너 이 새로운 커피 마셔 봤어? 나 이거 정말 좋아.

기가 막히게 맛있어.

어휘: Have you tried ~? 당신은 ~을 시도해(먹어) 보았습니까?

▶

▶

② 아래의 문장을 스스로 영작해 보고, 정답 확인 후 다시 한 번 써 보세요.

그 사람이 재능 있는 선수라는 건 알지만,

뭐 그렇게 엄청나게 뛰어난 건 아니에요.

어휘: I know ~ ~라는 걸 안다 / talented 재능 있는 / player 선수

▶

정답: I know he(she) is a talented player,

but not the best thing since sliced bread.

▶

Sell like hot cakes

핫케익처럼 팔리다? (X)

날개 돋친 듯 팔리다, 아주 잘 나가다

'핫케익(hot cake)'은 예전부터 미국에서 griddle cake 혹은 pancake이라고 불리기도 한 아주 인기 있는 음식이었습니다. 가령 1800년대 교회에서는 예배 전이나 후에 사람들에게 다양한 음식을 팔아 교회를 위한 기금을 모았다고 하는데요. 그중에서도 특히 핫케익이 값이 저렴하면서도 맛이 좋아 채 식기도 전에 이를 사서 먹으려는 사람들이 그렇게 많았다고 합니다. 따라서 이 같은 핫케익의 인기로부터 'sell like hot cakes(핫케익처럼 팔리다)'라는 표현이 '(그렇게 잘 팔렸던 핫케익처럼) 날개 돋친 듯 팔리다'라는 뜻이 되었다고 하며, 이는 한국말로 해석하면 '아주 잘 나가다, 아주 인기 있다'라고도 풀이 가능합니다.

① 아래의 예문을 읽고 두 번씩 써 보며 표현의 쓰임새를 정확히 파악하세요.

How about this one? This is the most popular model and selling like hot cakes these days.

이건 어떠신가요? 이게 가장 인기 있는 모델인데
요즘 아주 잘 나가고 있어요.

어휘: most popular 가장 인기 있는 / these days 요즘

▶

▶

② 아래의 문장을 스스로 영작해 보고, 정답 확인 후 다시 한 번 써 보세요.

전 그 사람의 두 번째 책이 첫 번째 책만큼
불티나게 팔릴 거라 생각했는데 제 오산이었어요.

어휘: as much as ~ ~만큼 / I was wrong 내가 틀렸다(오산이었다)

▶

정답: I thought his(her) second book would sell like hot cakes

as much as his(her) first book but I was wrong.

▶

066

Pay
an arm
and a leg

팔과 다리를 지불하다? (X)

어마어마하게 큰돈을 쓰다

'an arm and a leg'가 '거액의 돈'을 뜻하게 된 데엔 몇 가지 유래가 있습니다. 그 중 하나는 수백 년 전 화가들이 사람들의 초상화를 그릴 때 '팔(arm)'과 '다리(leg)'를 그리는 데 특히 오랜 시간이 걸려 팔과 다리가 들어간 초상화를 그릴 땐 추가 요금을 받아서 위와 같은 뜻을 가지게 되었다는 말도 있고, 혹은 군인이 되어 전쟁에 참여하면 팔이나 다리를 잃는 값비싼 대가를 치르게 될 수도 있다는 것에서 위와 같은 뜻을 가지게 되었다는 말도 있습니다. 하지만 어찌 됐든 두 가지 모두 'an arm and a leg'가 '거액의(어마어마한) 돈/대가, 막대한 경비'라는 뜻으로 연결될 수 있다는 건 확실하게 보여 준다 할 수 있겠죠?

① 아래의 예문을 읽고 두 번씩 써 보며 표현의 쓰임새를 정확히 파악하세요.

I also want to buy my own house, but as you know
I can't afford to pay an arm and a leg.

나도 내 집을 장만하고 싶지만, 너도 알다시피
나 그렇게 큰돈을 낼 능력이 안 돼.

어휘: my own house 나만의 집 / can't afford to V ~할 능력이 안 되다

▶

▶

② 아래의 문장을 스스로 영작해 보고, 정답 확인 후 다시 한 번 써 보세요.

걔 그 쇼에 진짜 가고 싶어 하거든.
그래서 걔 거기 가려고 기꺼이 큰돈을 쓸 거야.

어휘: be willing to V for something ~을(~에 가기) 위해 기꺼이 ~하다

▶

정답: He(She) really wants to go to that show,

　　 so he's(she's) willing to pay an arm and a leg for it.

▶

067

Eat
like
a horse

말처럼 먹다? (X)

아주 많이 먹다, 돼지처럼 먹다

'eat like a horse'라는 표현은 18세기 즈음 실제 말이 많이 먹는 것에서 유래되었다고 합니다. 장성한 말은 매일 같이 자기 몸무게의 2퍼센트에 이르는 양을 먹어 치우는데 그 양이 대략 20파운드(약 9킬로그램)에 이른다고 합니다. 따라서 이로부터 'eat like a horse = (매일 같이 20파운드씩이나 먹어 치우는) 말처럼 먹다 = 아주 많이 먹다, 돼지처럼 먹다'라는 뜻이 되었다고 생각하시면 되며, 이 반대 표현으로는 'eat like a bird = 새처럼 먹다 = 소식하다'가 있습니다. 하지만 실제 새는 자신들의 몸 사이즈에 비해 많이 먹는 편이기 때문에 'eat like a bird'는 새가 적게 먹는다는 오해에서 비롯된 표현이라 할 수 있습니다.

① 아래의 예문을 읽고 두 번씩 써 보며 표현의 쓰임새를 정확히 파악하세요.

He(She) always eats like a horse **but never puts on any weight. I'm envious of that.**

개는 항상 돼지처럼 먹는데도
살이 전혀 안 찌더라고. 난 그게 부러워.

어휘: put on weight 체중이 늘다, 살찌다 / be envious of ~ ~이 부럽다

▶ _____

_____

▶ _____

_____

② 아래의 문장을 스스로 영작해 보고, 정답 확인 후 다시 한 번 써 보세요.

나 연휴 기간 내내 정말 돼지처럼 먹었어.
나 다이어트해야 될 것 같아.

어휘: over the holidays 연휴 기간 내내 / go on a diet 다이어트를 하다

▶ _____

_____

정답: I've been eating like a horse over the holidays.

I think I'll have to go on a diet.

▶ _____

_____

068

Have
a sweet
tooth

달콤한 이빨을 갖고 있다? (X)

단것을 좋아하다

'have a sweet tooth'라는 표현은 1300년경부터 쓰이기 시작했다고 전해집니다. 지금 현재 '이빨, 치아'를 뜻하는 단어인 'tooth'가 그 당시에 쓰인 'have a sweet tooth'라는 표현에서는 '맛있는 음식'이라는 의미로 쓰였다고 전해지며(현재 '맛있는'이라는 뜻을 가진 'toothsome'이란 단어가 이와 관련되어 파생된 단어가 아닐까 추정), 따라서 이로부터 'sweet tooth'라는 표현이 '달콤한 이빨'이 아닌 '달콤하고 맛있는 음식 = 단것'이라는 의미로 해석될 수 있으므로 'have a sweet tooth = 단것을 지니고 있다 = (단것을 항시 지니고 있을 정도로) 단것을 좋아하다'가 되었다고 생각해 볼 수 있습니다.

① 아래의 예문을 읽고 두 번씩 써 보며 표현의 쓰임새를 정확히 파악하세요.

He(She) doesn't have a sweet tooth **at all, but he(she) bakes fantastic cakes. It's so funny, isn't it?**

걔는 단것을 전혀 안 좋아하는데 케이크는
진짜 기가 막히게 구워. 너무 웃겨, 안 그래?

어휘: don't V at all 전혀 안 ~하다 / bake (빵 등을) 굽다 / funny 우스운

▶ _____

_____

▶ _____

_____

② 아래의 문장을 스스로 영작해 보고, 정답 확인 후 다시 한 번 써 보세요.

Rachel은 단 음식을 너무 좋아해. 초콜릿을 너무 많이 먹어.
걔 이거 조심하지 않으면 진짜 뚱뚱해질 거야.

어휘: way too much 너무 많은 / watch 조심하다 / get fat 뚱뚱해지다

▶ _____

_____

| 정답: Rachel has a real sweet tooth. She eats way too much |
| chocolate. If she doesn't watch it, she'll really get fat. |

▶ _____

_____

069

Brain fart

뇌가 뀐 방귀? (X)

순간 멍한(잘 알던 걸 까먹은) 상태

'brain fart'라는 표현은 말 그대로 '방귀(fart)'에서 유래되었다고 전해집니다. 아시다시피 방귀는 순간적으로 장에서 외부로 방출되는 좋지 않은 냄새의 가스입니다. 자, 여기서 '장'을 '뇌(brain)'로 바꿔서 생각해 보면, '장에서 순간적으로 발생한 좋지 않은 냄새의 방귀'는 '뇌에서 순간적으로 발생한 좋지 않은 정신 상태(ex: 갑자기 하려던 일을 까먹거나 매일 하던 일을 순간 어떻게 하는지 기억을 못하는 등)'에 비유될 수 있습니다. 따라서 이로부터 'brain fart = 뇌에서 순간적으로 발생한 좋지 않은 정신 상태 = 순간 멍한 상태, 순간 원래 잘 알던 걸 까먹은 상태'라는 표현이 유래되었다고 보시면 됩니다.

① 아래의 예문을 읽고 두 번씩 써 보며 표현의 쓰임새를 정확히 파악하세요.

I'm sorry Kate, I just had a brain fart.
Can you tell me why you've come to my office?

미안해 Kate, 나 순간적으로 정신이 멍하네.
너 내 사무실에 왜 왔는지 말해 줄 수 있어?

어휘: Can you tell me why ~? 왜 ~인지 말해 줄 수 있나요? / office 사무실

▶

▶

② 아래의 문장을 스스로 영작해 보고, 정답 확인 후 다시 한 번 써 보세요.

나 우유 한 잔을 따르고 나서 남은 우유를
냉장고 대신 찬장에 놨다니까. 정신머리하고는.

어휘: pour 따르다 / cupboard 찬장 / instead of ~ ~ 대신 / refrigerator 냉장고

▶

정답: I poured a glass of milk, then put the rest of the milk in the cupboard instead of the refrigerator. What a brain fart.

▶

070

In
the
dark

어둠 속에 있는? (X)

아무것도 모르는

'in the dark'라는 표현은 말 그대로 '어둠(dark)' 속에 있는 나의 모습을 상상하면 쉽게 이해할 수 있습니다. 어둠 속에 있게 되면 사방이 캄캄해 아무것도 보이지 않아 주변에 뭐가 있는지 전혀 알 수 없습니다. 따라서 이로부터 'in the dark = 어둠 속에 있는 (그래서 아무것도 보이지 않아 주변에 무엇이 있는지 전혀 알 수 없는) = 아무것도 모르는'이라는 뜻이 되었다고 보시면 됩니다. 참고로 'in the dark'라는 표현을 활용하여 'keep someone in the dark = 누군가를 아무것도 모르는 상태로 두다 = 누군가에게 비밀로 하다, 누군가에게 숨기다'라고 말할 수도 있으니 함께 알아 두시기 바랍니다.

① 아래의 예문을 읽고 두 번씩 써 보며 표현의 쓰임새를 정확히 파악하세요.

I was as surprised as you were. I thought we were both in the dark on this one.

나도 너만큼이나 놀랐어. 난 우리 둘 다
여기에 대해서 모른다고 생각했거든.

어휘: as surprised as ∼ ∼만큼이나 놀란 / on this one 여기에(이것에) 대해

▶

▶

② 아래의 문장을 스스로 영작해 보고, 정답 확인 후 다시 한 번 써 보세요.

사실, 난 걔 안 믿어. 그러니까 그거에 대해선
걔가 모르게 하는 게 더 낫다고 봐.

어휘: actually 사실 / trust 믿다 / it's better to V ∼하는 것이 더 낫다

▶

정답: Actually, I don't trust him(her)

    so I think it's better to keep him(her) in the dark about it.

▶

061 그 사람은 확실히 실수가 없게 하려고

항상 모든 걸 빠짐없이 완벽하게 해.

▶

062 제가 며칠간 사무실에 없었거든요.

뭐가 어떻게 돌아가고 있는지 빠짐없이 다 알려 주세요.

▶

063 걱정하지 마. 나 수술 받고 나서 완전히 회복했고

지금 컨디션이 아주 최상이야.

▶

064 너 이 새로운 커피 마셔 봤어? 나 이거 정말 좋아.

기가 막히게 맛있어.

▶

065 이건 어떠신가요? 이게 가장 인기 있는 모델인데

요즘 아주 잘 나가고 있어요.

▶

066 나도 내 집을 장만하고 싶지만,

너도 알다시피 나 그렇게 큰돈을 낼 능력이 안 돼.

▶

067 걔는 항상 돼지처럼 먹는데도

살이 전혀 안 찌더라고. 난 그게 부러워.

▶

068 걔는 단것을 전혀 안 좋아하는데

케이크는 진짜 기가 막히게 구워. 너무 웃겨, 안 그래?

▶

069 미안해 Kate, 나 순간적으로 정신이 멍하네.

너 내 사무실에 왜 왔는지 말해 줄 수 있어?

▶

070 나도 너만큼이나 놀랐어.

난 우리 둘 다 여기에 대해서 모른다고 생각했거든.

▶

TEST 061-070

061 He(She) always goes the whole nine yards ·
    to make sure there is no mistake.

062 I was out of the office for a few days.
    Bring me up to speed on what's been happening.

063 Don't worry. I've completely recovered from my surgery
    and I feel as fit as a fiddle now.

064 Have you tried this new coffee? I love it.
    It's the best thing since sliced bread.

065 How about this one? This is the most popular model
    and selling like hot cakes these days.

066 I also want to buy my own house,
    but as you know I can't afford to pay an arm and a leg.

067 He(She) always eats like a horse
    but never puts on any weight. I'm envious of that.

068 He(She) doesn't have a sweet tooth at all,
    but he(she) bakes fantastic cakes. It's so funny, isn't it?

069 I'm sorry Kate, I just had a brain fart.
    Can you tell me why you've come to my office?

070 I was as surprised as you were.
    I thought we were both in the dark on this one.

CHAPTER

8

071

Have
one's head
in the clouds

머리가 구름 속에 있다? (X)

(현실과 동떨어진) 공상을 하다

'have one's head in the clouds'라는 표현은 1600년대 중반에 유래됐다고 전해지나 확실하진 않습니다. 옛날엔 비행기가 없었기 때문에 '구름(clouds)'은 닿기가 불가능한 것으로 여겨졌고, 따라서 누군가 불가능하거나 현실과 동떨어진 생각을 하면 '머리(head)'가 닿을 수 없는 '구름 속에(in the clouds)' 떠 있는 것이나 마찬가지라고 여겨 'have one's head in the clouds = 머리가 (결코 닿을 수 없는) 구름 속에 있다 = (현실과 동떨어진) 공상을 하다'라는 뜻이 되었다고 생각할 수 있습니다. 참고로 '공상을 그만하다'라고 말하고 싶을 땐 'get one's head out of the clouds'라고 하면 되겠죠?

① 아래의 예문을 읽고 두 번씩 써 보며 표현의 쓰임새를 정확히 파악하세요.

I think Rachel has her head in the clouds
if she thinks she will win the tournament.

내 생각에 Rachel 본인이 토너먼트에서 우승할 거라
생각한다면 그건 헛된 상상을 하는 거야.

어휘: I think ~ 내 생각에 ~이다 / if A thinks ~ 만약 A가 ~라 생각한다면

▶

▶

② 아래의 문장을 스스로 영작해 보고, 정답 확인 후 다시 한 번 써 보세요.

너 이거 6시까지 끝내야 돼.
부탁인데 공상은 그만하고 네 일에 집중 좀 해.

어휘: you have to V 넌 ~해야 한다 / concentrate on ~ ~에 집중하다

▶

정답: You have to finish it by six. Please get your head out of

the clouds and concentrate on your work.

▶

On
the tip
of my tongue

내 혀끝 위에 있는? (X)

말이 혀끝에서 뱅뱅 도는

'on the tip of my tongue'이라는 표현은 어떤 말을 하려고 하는데 이와 관련된 몇 가지 단서만 머릿속에 맴돌 뿐 결국 하려던 말은 입 밖으로 내뱉지 못하는 '설단 현상 (tip of the tongue)'에서 유래되었다고 합니다. 1966년 하버드 대학의 Roger Brown 과 David McNeil이 이 같은 현상을 'tip of the tongue(TOT)'이라 부르기 시작했다는 데요. 'tip of the tongue'은 말 그대로 하고 싶은 말이 '혀(tongue)'의 '끝 위(on the tip)'에서만 맴돌 뿐 정작 할 말은 입 밖으로 내뱉지 못하는 현상을 말하며, 따라서 'on the tip of my tongue'이 '말이 혀끝에서 뱅뱅 도는, 생각날 듯 말 듯한'이란 뜻이 됐다고 보시면 됩니다.

① 아래의 예문을 읽고 두 번씩 써 보며 표현의 쓰임새를 정확히 파악하세요.

I know him(her) but his(her) name is
on the tip of my tongue. I'll think of it in a second.

나 걔를 아는데, 걔 이름이
생각날 듯 말 듯하네. 내가 금방 떠올려 볼게.

어휘: think of something ~을 생각하다(떠올리다) / in a second 금방

▶

▶

② 아래의 문장을 스스로 영작해 보고, 정답 확인 후 다시 한 번 써 보세요.

나 그 사람이 낸 첫 번째 책 제목 알아. 나한테 말하지 마.
아, 이게 혀끝에서만 맴도네.

어휘: I know ~ 난 ~을 알고 있다 / the title of one's book ~이 낸 책

▶

정답: I know the title of his(her) first book, don't tell me.

Oh, It's on the tip of my tongue.

▶

073

Not playing with a full deck

꽉 찬 덱(deck)을 가지고 놀지 않는? (X)

머리가 좀 모자란, 멍청한, 바보 같은

'not playing with a full deck'이란 표현에서 'deck'은 '카드 덱 = 52장의 카드 한 묶음'을 의미합니다. 따라서 'not playing with a full deck'이란 표현을 직역하면 '52장의 카드 한 묶음 전체를 가지고 놀지 않는'이라는 뜻이 되는데, 카드 놀이를 할 때 52장이 아닌 51장, 혹은 그 이하의 부족한 개수의 카드를 가지고 게임을 하게 되면 게임을 제대로 진행할 수 없습니다. 따라서 이로부터 'not playing with a full deck = 52장의 카드로 된 온전한 덱을 가지고 놀지 않는 (그래서 게임을 제대로 진행할 수 없는) = (정신적, 심리적으로 무언가가 부족해서) 머리가 좀 모자란, 멍청한, 바보 같은'이란 표현이 나왔다고 보시면 됩니다.

① 아래의 예문을 읽고 두 번씩 써 보며 표현의 쓰임새를 정확히 파악하세요.

He's(She's) a nice person but he's(she's) not playing with a full deck, if you ask me.

그 사람은 참 좋긴 한데
내 개인적인 생각엔 좀 모자란 것 같아.

어휘: ~ if you ask me 네가 물어본다면(내 개인적인 생각으로는) ~이다

▶

▶

② 아래의 문장을 스스로 영작해 보고, 정답 확인 후 다시 한 번 써 보세요.

걔 계속 혼잣말을 하더라고.
내 보기에 걔 머리가 좀 모자란 것 같아.

어휘: talk to oneself 혼잣말을 하다 / I think ~ 내 보기에 ~인 것 같다

▶

정답: He(She) keeps talking to himself(herself).

I think he's(she's) not playing with a full deck.

▶

074

Basket case

바구니 사례? (X)

기능이 마비된 조직, 정신이 이상한 사람

'basket case'라는 표현은 1차 세계대전 당시 부상당한 군인들에게서 유래되었다는 말이 있습니다. 전쟁에서 부상당한 군인들 중 팔과 다리를 잃은 군인들은 (워낙에 급박하게 돌아가는 상황 속에서 쓸 수 있는 모든 걸 동원했을 걸로 추정) '바구니(basket)'에 담겨 이송되었다고 합니다. 따라서 이로부터 'basket case = 전쟁 중 팔과 다리를 잃어 아무런 기능도 할 수 없게 된 군인들이 바구니에 담겨 이송된 사례 = 기능이 마비된 조직, 무력한 사람'이라는 표현이 유래되었다고 보시면 됩니다. 참고로 이 표현은 정신이 불안정해 뭔가 이상하거나 비정상으로 보이는 사람을 묘사할 때에도 곧잘 쓰입니다.

① 아래의 예문을 읽고 두 번씩 써 보며 표현의 쓰임새를 정확히 파악하세요.

On my first day at work, I was so nervous that I burst into tears. I looked like a complete basket case.

출근 첫날에 나 너무 긴장해서 울음을 터뜨렸지 뭐야.
나 완전 정신 나간 사람처럼 보였어.

어휘: nervous 긴장한 / burst into tears 울음을 터뜨리다 / complete 완전한

▶

▶

② 아래의 문장을 스스로 영작해 보고, 정답 확인 후 다시 한 번 써 보세요.

기능이 거의 마비됐던 그 회사는 현재
새로운 경영 시스템 덕분에 매우 성공적입니다.

어휘: almost 거의 / successful with ~ ~으로 성공적인 / management 경영

▶

정답: The company which was almost a basket case is now

very successful with the new management system.

▶

075

Have
a chip on
one's shoulder

어깨 위에 감자칩이 있다? (X)

분노(적의)에 차 있다, 예민하게 굴다

'have a chip on one's shoulder'라는 표현에서 'chip'은 감자칩의 'chip(칩)'이 아닌 'wood(나무)'를 뜻합니다. 따라서 'have a chip on one's shoulder'라는 표현을 직역하면 '~의 어깨 위에 나무가 얹혀져 있다'라는 뜻인데, 일부 유래에 따르면 이것이 사람들이 화가 났을 때 자신이 싸움을 걸겠다는 의사 표현을 하고자 어깨 위에 나무를 얹고 다니며 다른 이가 이걸 떨어트리게끔 부추긴 행동이었다고 합니다. 따라서 'have a chip on one's shoulder'라는 표현은 '싸우려 들다 = 분노(적의)에 차 있다, 예민한 상태이다'라는 의미가 되었으며, 이 표현은 보통 속상한 일로 불만이 가득한 예민한 사람을 묘사할 때 쓰입니다.

① 아래의 예문을 읽고 두 번씩 써 보며 표현의 쓰임새를 정확히 파악하세요.

Do you still have a chip on your shoulder
because of what happened yesterday?

너 어제 있었던 일 때문에
아직도 그렇게 화가 나 있는 거야?

어휘: Do you still V? 너 아직도 ~하는 거야? / what happened 있었던 일

▶

▶

② 아래의 문장을 스스로 영작해 보고, 정답 확인 후 다시 한 번 써 보세요.

내 생각에 그 사람 승진하지 못해서
예민한 상태인 것 같아.

어휘: I think ~ 내 생각에 ~인 것 같다 / get the promotion 승진하다

▶

| 정답: I think he(she) has a chip on his(her) shoulder |
| because he(she) didn't get the promotion. |

▶

Get
out
of hand

손에서 빠져나가다? (X)

감당할 수 없게 되다, 통제 불능이 되다

'get out of hand'라는 표현은 말타기에서 유래되었다고 전해집니다. 말을 탈 때 기수는 '고삐(rein)'를 이용하여 말이 달려야 할 방향과 속도를 조절합니다. 그런데 만약 기수가 이 고삐를 놓쳐 이것이 '손에서 빠져나가게(get out of hand)' 되면 말의 행동을 통제할 수 없게 되어 말이 제멋대로 움직이게 됩니다. 따라서 이로부터 'get out of hand = (말을 통제할 수 있는 고삐가) 손에서 빠져나가다 = 감당할 수 없게 되다, 통제 불능이 되다'라는 뜻이 유래되었다고 보시면 되며, 참고로 'get out of hand'를 한국어로 해석할 땐 '걷잡을 수 없게 되다, 손쓸 수 없게 되다'라고도 풀이 가능합니다.

① 아래의 예문을 읽고 두 번씩 써 보며 표현의 쓰임새를 정확히 파악하세요.

Yesterday's staff meeting got out of hand with each department blaming the other for our problems.

어제 직원 회의는 각 부서가 우리 문제를
서로 다른 부서 탓을 하는 바람에 걷잡을 수 없게 됐어.

어휘: department 부서 / blame 비난하다 / the other 다른 하나(부서)

▶

▶

② 아래의 문장을 스스로 영작해 보고, 정답 확인 후 다시 한 번 써 보세요.

걔 지난밤에 과음을 해서 통제 불능이었어.
그래서 경찰에 전화해서 도움을 요청했다니까.

어휘: call someone to ask for help ~에게 전화해서 도움을 요청하다

▶

정답: Last night he(she) drank too much and got out of hand.

So I called the police to ask for help.

▶

Rotten
apple

썩은 사과? (X)

(물을 다 흐려 놓는) 미꾸라지 한 마리

'rotten apple(혹은 bad apple)'이란 표현은 14세기경 Latin 속담인 'The rotten apple injures its neighbors.(썩은 사과는 주변에 있는 다른 사과들까지 손상시킨다. = 미꾸라지 한 마리가 온 웅덩이를 흐려 놓는다.)'에서 유래되었다고 보시면 됩니다. 이 속담은 썩은 사과 하나가 있으면 이로부터 곰팡이나 병균이 주변에 있는 사과들에까지 몽땅 펴져 곯게 한다는 사실에서 유래된 것이며, 훗날 이 속담을 'rotten apple'이라고 축약하여 사용하게 된 것입니다. 그리고 이 'rotten apple'이란 표현이 처음 글로서 기록되어 쓰인 것은 Benjamin Franklin이 1736년에 집필한 Poor Richard's Almanack 이라는 작품에서라고 합니다.

① 아래의 예문을 읽고 두 번씩 써 보며 표현의 쓰임새를 정확히 파악하세요.

He's(She's) a rotten apple. He's(She's) encouraging other workers to be as lazy as he(she) is.

그 사람은 물을 다 흐려 놔. 다른 직원들도
자기처럼 게을러지게 부추긴다니까.

어휘: encourage 격려하다, 부추기다 / be as lazy as A is A만큼 게으르다

▶

▶

② 아래의 문장을 스스로 영작해 보고, 정답 확인 후 다시 한 번 써 보세요.

여기 있는 모두가 걔랑 문제가 있어.
걔는 무리 중에서 물을 다 흐려 놓는 애야.

어휘: have problems with ~ ~와 문제가 있다 / bunch (한 무리의) 사람들

▶

정답: Everyone here has problems with him(her).

He's(She's) the one rotten apple of the bunch.

▶

078

Make
a scene

장면을 만들어 내다? (X)

한바탕 소란을 피우다, 야단법석을 떨다

'make a scene'이라는 표현은 코미디, 희극 등 각종 극을 상영하던 극장에서 유래되었다고 전해집니다. 극장에선 극이 상영되는 동안 관객들의 관심이 무대 위 극 '장면 (scene)'에 집중되어야 하는데, 누군가 공연 중 소란을 피우게 되면 관객들의 이목이 그쪽으로 쏠리게 됩니다. 마치 그 사람이 자신이 배우라도 된 양 소란스러운 '장면 (scene)'을 '만들어(make)' 관객들의 이목을 집중시키는 것과 같다고 생각할 수 있겠죠? 따라서 이로부터 'make a scene = (극장에서 자신이 마치 배우라도 된 양 극적인) 장면을 만들어 내다 = 한바탕 소란을 피우다, 야단법석을 떨다'라는 표현이 유래되었다고 보시면 됩니다.

① 아래의 예문을 읽고 두 번씩 써 보며 표현의 쓰임새를 정확히 파악하세요.

When he(she) found a fly in his(her) pasta, he(she) called the manager and started to make a scene.

그 사람 자기 파스타에서 파리를 발견하고는
매니저를 불러서 소란을 피우기 시작했어.

어휘: find a fly 파리를 발견하다 / call the manager 매니저를 부르다

▶

▶

② 아래의 문장을 스스로 영작해 보고, 정답 확인 후 다시 한 번 써 보세요.

Kate가 내가 어젯밤에 잔뜩 취해서 모두가 보는 앞에서
소란을 피웠다고 하네. 정말 너무 창피해.

어휘: dead drunk 잔뜩 취한 / in front of ∼ ∼ 앞에서 / embarrassing 창피한

▶

정답: Kate told me that I was dead drunk last night and

made a scene in front of everyone. It's so embarrassing.

▶

079

Be
caught
red-handed

붉은 손인 채 붙잡히다? (X)

현행범으로(현장에서) 체포되다

'be caught red-handed'라는 표현은 스코틀랜드에서 유래되었다고 합니다. 19세기 이전부터 스코틀랜드에서는 'red-hand(붉은 손)'이라는 표현이 잘 쓰였는데, 이 red-hand는 '살인이나 범죄를 저지르다 피가 묻은 붉은 손'을 의미하며, 따라서 이 같이 범행을 저지르다 피가 묻은 손으로 '붙잡히는(caught)' 것은 결국 '현행범으로 체포되는 것'을 뜻하기 때문에 'be caught red-handed = 현행범으로 체포되다, 현장에서 붙잡히다'라는 의미가 되었다고 보시면 됩니다. 참고로 'be caught red-handed'를 능동형으로 바꿔서 'catch someone red-handed = ~을 현행범으로 체포하다, ~을 현장에서 붙잡다'라고 쓰는 것도 가능합니다.

① 아래의 예문을 읽고 두 번씩 써 보며 표현의 쓰임새를 정확히 파악하세요.

I walked into my room and caught my sister red-handed borrowing my jacket without my permission.

내가 방으로 들어갔는데 여동생이 내 허락도 없이
재킷을 빌려가려던 걸 딱 잡았어.

어휘: walk into my room 내 방에 들어가다 / borrow 빌리다 / permission 허락

▶

▶

② 아래의 문장을 스스로 영작해 보고, 정답 확인 후 다시 한 번 써 보세요.

거기서 그 사람을 해고할 좋은 명분이 있었어.
그 사람이 회사 비품 훔치는 걸 딱 잡았거든.

어휘: have good reason to V ~할 좋은 명분이 있다 / equipment 장비, 비품

▶

정답: They had good reason to fire him.

They caught him red-handed stealing company equipment.

▶

080

Let
sleeping
dogs lie

잠자는 개를 누워 있게 둬라? (X)

긁어 부스럼을 만들지 말라

'let sleeping dogs lie'라는 표현은 자고 있던 개들이 갑작스럽게 방해를 받게 되면 예측 불허의 위험한 행동을 하게 될 수 있다는 오랜 관찰에서 비롯된 것이라는 말이 있습니다. 즉 '자고 있는 개(sleeping dogs)를 괜히 건드렸다가는 위험한 일이 생길 수 있으니 그냥 그렇게 '누워서(lie)' 자게 '놔 둬라(let)' = 괜한 일 만들지 말아라, 긁어 부스럼을 만들지 말아라, 그냥 그렇게 놔둬라'라는 뜻이 되었다고 생각하시면 됩니다. 항간엔 이것이 13세기 즈음 '경비견(guard dog)'을 깨우면 문제가 생길 수 있으니 경비견이 깰 만한 그 어떤 행동도 하지 말라'고 한 것에서 비롯되었다는 설도 있습니다.

① 아래의 예문을 읽고 두 번씩 써 보며 표현의 쓰임새를 정확히 파악하세요.

I know it's wrong but that's the way the boss wants it.
It's best to let sleeping dogs lie.

나도 이게 틀린 걸 알아. 하지만 그게 상사가 바라는 방식이니까.
그냥 긁어 부스럼 만들지 않는 게 제일 좋아.

어휘: the way A wants it A가 바라는 방식 / it's best to V ~하는 게 제일 좋다

▶ _____

_____

▶ _____

_____

② 아래의 문장을 스스로 영작해 보고, 정답 확인 후 다시 한 번 써 보세요.

난 그건 좋은 생각이 아니라고 봐. 넌 상황만
더 악화시키게 될 거야. 그냥 가만히 내버려 둬.

어휘: I don't think ~ ~이 아니라고 본다 / make A worse A를 더 악화시키다

▶ _____

_____

정답: I don't think it's a good idea. You will only make it worse.

Just let sleeping dogs lie.

▶ _____

_____

---

071 너 이거 6시까지 끝내야 돼.

부탁인데 공상은 그만하고 네 일에 집중 좀 해.

▶

---

072 나 걔를 아는데, 걔 이름이 생각날 듯 말 듯하네.

내가 금방 떠올려 볼게.

▶

---

073 걔 계속 혼잣말을 하더라고.

내 보기에 걔 머리가 좀 모자란 것 같아.

▶

---

074 출근 첫날에 나 너무 긴장해서 울음을 터뜨렸지 뭐야.

나 완전 정신 나간 사람처럼 보였어.

▶

---

075 내 생각에 그 사람 승진하지 못해서

예민한 상태인 것 같아.

▶

---

076 걔 지난밤에 과음을 해서 통제 불능이었어.

그래서 경찰에 전화해서 도움을 요청했다니까.

▶

077 그 사람은 물을 다 흐려 놔.

다른 직원들도 자기처럼 게을러지게 부추긴다니까.

▶

078 그 사람 자기 파스타에서 파리를 발견하고는

매니저를 불러서 소란을 피우기 시작했어.

▶

079 거기서 그 사람을 해고할 좋은 명분이 있었어.

그 사람이 회사 비품 훔치는 걸 딱 잡았거든.

▶

080 난 그건 좋은 생각이 아니라고 봐.

넌 상황만 더 악화시키게 될 거야. 그냥 가만히 내버려 둬.

▶

정답 확인

071 You have to finish it by six. Please get your head
out of the clouds and concentrate on your work.

072 I know him(her) but his(her) name is on the tip of my tongue.
I'll think of it in a second.

073 He(She) keeps talking to himself(herself).
I think he's(she's) not playing with a full deck.

074 On my first day at work, I was so nervous
that I burst into tears. I looked like a complete basket case.

075 I think he(she) has a chip on his(her) shoulder
because he(she) didn't get the promotion.

076 Last night he(she) drank too much and got out of hand.
So I called the police to ask for help.

077 He's(She's) a rotten apple. He's(She's) encouraging
other workers to be as lazy as he(she) is.

078 When he(she) found a fly in his(her) pasta,
he(she) called the manager and started to make a scene.

079 They had good reason to fire him.
They caught him red-handed stealing company equipment.

080 I don't think it's a good idea.
You will only make it worse. Just let sleeping dogs lie.

CHAPTER

081

Hold your horses

말을 잡고 있어라? (X)

기다려라, 서두르지 말아라

'hold your horses'라는 표현은 약 1800년대 즈음 '말(horse)'의 '고삐(rein)'에서 유래
되었다고 전해집니다. 사람들은 말을 탈 때 고삐를 단단히 잡고 있거나 느슨하게 푸
는 방식으로 말의 움직임을 통제하는데요. 가령 말이 앞으로 나아가지 않고 제자리에
있길 원할 경우 고삐를 단단히 '붙잡아(hold)' 말이 움직이지 못하게 합니다. 그런데
이 같이 고삐를 잡아 말을 제자리에 잡아 두는 것이 '침착하게 가만히 있게 하는 것,
기다리게 하는 것'에 비유될 수 있다고 여겨 'hold your horses = (말이 제자리에 있
을 수 있도록) 말을 잡고 있어라 = 기다려라, 서두르지 말아라'라는 표현이 유래되었
다고 합니다.

① 아래의 예문을 읽고 두 번씩 써 보며 표현의 쓰임새를 정확히 파악하세요.

Hold your horses, why are you in such a hurry?
I'll be ready to go to lunch in a minute.

좀 기다려, 왜 이렇게 서두르는 거야?
나 1분이면 점심 먹으러 나갈 준비 다 돼.

어휘: in a hurry 서둘러 / go to lunch 점심 먹으러 가다 / in a minute 1분이면

▶

▶

② 아래의 문장을 스스로 영작해 보고, 정답 확인 후 다시 한 번 써 보세요.

기다려 주세요, 저희 아직 안 끝났습니다.
3페이지의 마지막 질문을 좀 봐 주시기 바랍니다.

어휘: take a look at something ~을 살펴보다 / last question 마지막 질문

▶

정답: Hold your horses, we haven't finished yet.

Please take a look at the last question on page 3.

▶

082

Kick
the can
down the road

캔을 길 아래로 차다? (X)

문제를 뒤로 미루다

이 표현의 유래에 대해선 여러 가지 설이 있는데, 그 중 하나가 바로 아이들이 즐겨
하는 'Kick the Can'이라는 게임에서 유래되었다는 설입니다. 이 게임에선 'It'이라고
불리는 술래가 '캔을 발로 차서(kick the can)' 날린 후 이를 다시 제자리로 가져와 눈
을 감고 50에서 100까지 세는 동안 나머지 사람들이 게임 공간 곳곳에 숨고 It가 이
숨은 사람들을 찾아내야 하는데, 게임 초반에 It가 캔을 '길 아래까지(down the road)'
차는 것만큼 멀리 차면 다른 사람들이 숨을 시간이 더 확보되고 게임 시작이 그만큼
지연되기 때문에 'kick the can down the road'란 표현이 '문제(일)를 뒤로 미루다'라
는 뜻이 되었다고 합니다.

① 아래의 예문을 읽고 두 번씩 써 보며 표현의 쓰임새를 정확히 파악하세요.

Let's kick the can down the road
and wait until next week to decide.

이 문제는 일단 미뤄 두고
다음 주에 결정할 때까지 기다리기로 합시다.

어휘: wait until ~ to decide ~인 때에 결정할 때까지 기다리다

▶ _____

_____

▶ _____

_____

② 아래의 문장을 스스로 영작해 보고, 정답 확인 후 다시 한 번 써 보세요.

이제 일을 미루는 것은 그만두고 결단을 내립시다.
그래야 앞으로 나아가죠.

어휘: make a decision 결정하다 / move forward 앞으로 나아가다

▶ _____

_____

정답: Stop kicking the can down the road and make a decision

so we can move forward.

▶ _____

_____

083

The elephant in the room

방 안에 있는 코끼리? (X)

(모두 알고는 있지만) 함구하고 있는 문제

'the elephant in the room'의 유래에 대해선 정확히 알려진 바가 없으나, 1959년경 New York Times에서 비유적 표현으로 처음 쓰였다고 전해집니다. 이 표현은 사람들이 밀폐된 '방(room)' 안에서 어마어마하게 큰 '코끼리(elephant)'와 함께 있는 장면을 상상하면 이해가 쉽습니다. 이렇게 큰 동물이 방 안에서 버젓이 보이는데도 모르는 척 한다면, 절대 모를 수가 없는 사실을 일부러 함구하고 있는 것이나 마찬가지겠죠? 따라서 이로부터 'the elephant in the room = (있는 것을 절대 모를 수가 없는) 방 안에 있는 코끼리 = (모두 알고는 있지만) 함구하고 있는 민감한 문제/사안'이라는 표현이 유래되었다고 보시면 됩니다.

① 아래의 예문을 읽고 두 번씩 써 보며 표현의 쓰임새를 정확히 파악하세요.

That is the elephant in the room **no one wants
to bring up, but we can't avoid it forever.**

그건 누구도 얘길 꺼내고 싶어 하지 않는 함구 사안이지만,
우리 모두 이걸 마냥 회피할 수만은 없어요.

어휘: bring up (화제 등을) 꺼내다 / avoid ~ forever ~을 마냥 회피하다

▶

▶

② 아래의 문장을 스스로 영작해 보고, 정답 확인 후 다시 한 번 써 보세요.

이젠 함구하고 있던 그 문제에 대해 얘기해 볼 때야.
무슨 일이 있었는지 내게 말해 봐.

어휘: it is time to V ~할 때이다 / address (문제 등을) 다루다, 이야기하다

▶

정답: I think it is time to address the elephant in the room.

Just tell me what happened.

▶

215

084

Tip
of the
iceberg

빙산의 끝 부분? (X)

(아주 큰 일의) 작은 일부분, 빙산의 일각

'tip of the iceberg'라는 표현은 1912년 침몰한 타이타닉호 사건에서 비롯된 표현이라
는 설도 있습니다. 당시 배의 책임자 중 일부가 수면 위로 보이는 '빙산(iceberg)'의
'끝 부분(tip)'만 보고선 이것이 별것 아니라고 잘못 판단하여 배가 빙산과 부딪혀 침
몰해 버린 사건에서 'tip of the iceberg = (수면 밑에 어마어마한 크기의 몸통을 감추
고 있는) 빙산의 끝 부분 = (아주 큰 일이나 문제의) 작은 일부분'이라는 뜻이 유래되
었다고 합니다. 하지만 항간에선 타이타닉호 사건이 아닌 '수면 아래엔 빙산의 큰 몸
통이 잠겨 있고 수면 위로는 빙산의 작은 끝 부분만 보이는 그 구조 자체'에서 비롯된
것이라는 설이 더 유력합니다.

① 아래의 예문을 읽고 두 번씩 써 보며 표현의 쓰임새를 정확히 파악하세요.

I found two mistakes in the book's introduction and I suspect that's only the tip of the iceberg.

책 도입부에서 두 가지 실수를 발견했는데
이게 그저 빙산의 일각인 건 아닌지 의심 돼.

어휘: mistake 실수 / book introduction 책 도입부 / suspect 의심하다

▶

▶

---

② 아래의 문장을 스스로 영작해 보고, 정답 확인 후 다시 한 번 써 보세요.

저희 측에서 회계상 실수를 몇 개 발견했어요.
이게 그저 빙산의 일각이 아니었길 빕시다.

어휘: accounting mistakes 회계상 실수 / let's just hope ~ 그저 ~이길 빕시다

▶

정답: We found some accounting mistakes.

Let's just hope that wasn't the tip of the iceberg.

▶

085

Keep something under your hat

뭔가를 네 모자 밑에 넣어라? (X)

~을 비밀로 해라

'keep something under your hat'이란 표현은 어떤 것을 숨기기 위해 이를 '모자 (hat) 밑에(under) 두고(keep)' 감추는 것을 상상하면 이해가 쉬운데, 이 표현의 유래 중 하나는 중세 시대 잉글랜드 궁수들이 활시위를 모자 밑에 넣고 다닌 것에서 유래 되었다는 설입니다. 하지만 이는 활시위를 감추기 위해서가 아니라 이를 건조하게 유 지하기 위해 넣고 다닌 것이므로 옳지 않다는 말이 있고, 따라서 여기서의 'hat(모자)' 는 단순히 'head(머리)'를 뜻하며 그에 따라 'keep something under your hat = ~ 을 네 머리 안에 담아 둬라 (그렇게 머리에만 담아 두고 발설하지 말아라) = ~을 비 밀로 해라'가 되었다는 말이 있습니다.

① 아래의 예문을 읽고 두 번씩 써 보며 표현의 쓰임새를 정확히 파악하세요.

I'm quitting this job at the end of the month,
but please keep it under your hat.

나 이번 달 말에 여기 그만둬.
하지만 이건 비밀로 해 줬으면 해.

어휘: quit this job 여길(이 직장을) 그만두다 / at the end of ～ ～의 말에

▶

▶

② 아래의 문장을 스스로 영작해 보고, 정답 확인 후 다시 한 번 써 보세요.

나 Chris랑 다시 사귀게 됐는데 아무도 이건
모르고 있어. 이거 비밀로 해 줘.

어휘: get back together with someone (헤어졌다가) ～와 다시 사귀다

▶

정답: I got back together with Chris but no one knows this.

Please keep it under your hat.

▶

086

Spill the beans

콩을 흘리다? (X)

(비밀을) 무심코 말해 버리다

'spill the beans'라는 표현은 고대 그리스에서 비롯되었다는 말이 있습니다. 당시 사람들은 투표를 할 때 '하얀 콩(white beans)'과 '검은 콩(black beans)'을 사용했는데 안건에 찬성을 할 땐 하얀 콩을, 반대를 할 땐 검은 콩을 냈으며 안건은 만장일치로 찬성이 되어야만 통과가 되었다고 합니다. 그런데 만약 투표 진행자가 콩을 모으다 실수로 검은 콩을 '흘려서(spill)' 밖으로 누설되는 일이 발생하면, 만장일치로 찬성이 아닌 것이 엉겁결에 드러나 투표를 중단했다고 합니다. 따라서 이로부터 'spill the beans = (비밀로 유지돼야 할 투표 내용인) 콩을 흘리다 = (비밀을) 무심코 말해 버리다'라는 표현이 유래되었다고 합니다.

① 아래의 예문을 읽고 두 번씩 써 보며 표현의 쓰임새를 정확히 파악하세요.

It was supposed to be a surprise party but he(she) knew about it. Who spilled the beans?

이거 원래 깜짝 파티일 예정이었는데
걔가 이걸 다 알아 버렸어. 누가 발설한 거야?

어휘: be supposed to V ~하기로 예정되어 있다 / surprise party 깜짝 파티

▶

▶

② 아래의 문장을 스스로 영작해 보고, 정답 확인 후 다시 한 번 써 보세요.

그 사람 오늘 해고될 건데 말하지 말아요.
상사가 오늘 끝 무렵에 그 사람한테 말할 거예요.

어휘: get fired 해고되다 / at the end of the day 오늘 끝 무렵에, 오늘 안에

▶

정답: He's(She's) getting fired today but don't spill the beans.

The boss will tell him(her) at the end of the day.

▶

087

Put a sock in it

그 안에 양말을 집어넣어라? (X)

조용히 해라, 입을 다물어라

'put a sock in it'이라는 표현은 1919년 영국에서 처음으로 쓰이기 시작했다고 합니다. 당시 노래를 재생하던 기기들은 현재와 같은 스피커 장치가 없었기 때문에 소리가 크게 퍼져나갈 수 있도록 나팔 모양의 금속 뿔을 달았는데, 이 같은 기기들엔 볼륨 조절 장치가 없어 소리를 작게 줄이고 싶을 땐 금속 뿔 안에 '양말(sock)'을 '집어넣었다(put)'고 합니다. 따라서 이로부터 'put a sock in it = (음악 재생 기기의 볼륨을 줄이고자) 그 안에 양말을 집어넣다 = (시끄러우니까) 조용히 해라, 입을 다물어라'라는 뜻이 파생되었다고 하며, 특히 이 표현은 '시끄러워서 방해되거나 짜증날 때' 곧잘 쓰는 표현이니 참고해 두세요.

① 아래의 예문을 읽고 두 번씩 써 보며 표현의 쓰임새를 정확히 파악하세요.

Kevin, stop singing. I'm trying to watch TV.
It's too loud. Put a sock in it.

Kevin, 노래 좀 그만해. 나 TV 보려고 하고 있잖아.
너무 시끄러워. 조용히 좀 해.

어휘: I'm trying to V 난 ~하려고 하고 있다 / too loud 너무 시끄러운

▶

▶

② 아래의 문장을 스스로 영작해 보고, 정답 확인 후 다시 한 번 써 보세요.

엄마가 소파에서 주무시고 계셔서
나 설거지하는 동안 조용히 하고 있었어.

어휘: while V-ing ~하는 동안 / do the dishes 설거지하다 / asleep 잠이 든

▶

정답: I had put a sock in it while doing the dishes
because my mom was asleep on the sofa.

▶

Hang by a thread

실에 매달려 있다? (X)

위태로운 상황이다, 풍전등화이다

'hang by a thread'라는 표현은 'The Sword of Damocles'라는 이야기에서 유래되었다고 합니다. Damocles는 Syracuse의 왕이었던 Dionysius에게 아첨하며 왕의 자리를 부러워하던 신하였는데, 어느 날 왕은 그를 왕좌에 앉아 보게끔 했다고 합니다. 왕좌에 앉은 그는 처음엔 좋아했으나 고개를 들어 위쪽을 보니 날 선 검이 '한 가닥 머리칼에 매달려(hang by a single hair)' 자신을 향해 있음을 알게 되었습니다. 왕은 그에게 왕좌가 겉으로는 좋아 보여도 항상 위태로움이 도사리고 있는 자리임을 일깨워주고 싶었던 겁니다. 따라서 이로부터 'hair(머리칼)'이 'thread(실)'로 바뀌어 'hang by a thread'라는 표현이 유래되었다고 합니다.

① 아래의 예문을 읽고 두 번씩 써 보며 표현의 쓰임새를 정확히 파악하세요.

His(Her) promotion is hanging by a thread
as he(she) made a serious mistake at work.

그 사람 업무에 중대한 실수를 저질러서
승진이 위태위태한 상황이야.

어휘: promotion 승진 / serious mistake 중대한 실수 / at work 업무에서

▶

▶

② 아래의 문장을 스스로 영작해 보고, 정답 확인 후 다시 한 번 써 보세요.

그 사람 교통사고를 당했는데
수술 후에 생명이 위태로운 상황이었어.

어휘: get into a car accident 교통사고를 당하다 / life 생명 / operation 수술

▶

정답: He(She) got into a car accident and
his(her) life hung by a thread after the operation.

▶

089

In
a pickle

피클 안에 있는? (X)

곤경에 처한

'pickle(피클)'은 본래 고기에 곁들여 먹던 매운 소스를 일컫는 말이었는데 16세기엔
방부제로 쓰던 짭짤한 양념 식초를, 그리고 17세기엔 현재 우리가 알고 있는 '절여진
오이' 또한 pickle이라 일컫게 되었다고 합니다. 'in a pickle'이란 표현은 16세기
Shakespeare의 작품 The Tempest에서 'drunk(술에 취한)'이라는 비유적 의미로 쓰
였다고 하는데요. 시간이 지나면서 현재의 '곤경에 처한'이란 뜻을 갖게 되었다고 합
니다. 제 개인적인 의견으로는 '절여진 피클 = 술에 절은 상태'라 생각했던 것으로 추
정되며, 이후 뭔가에 푹 절여진 상태를 '곤란한 상황에 빠져 있다'는 비유적 의미로 해
석한 것이라 여겨집니다.

① 아래의 예문을 읽고 두 번씩 써 보며 표현의 쓰임새를 정확히 파악하세요.

Do you think we can make it by seven? We're going to be in a pickle if we don't get there on time.

네 생각엔 우리가 7시까지 도착할 수 있을 거 같아?
우리 제시간에 거기 못 가면 곤란해지게 돼.

어휘: make it by ~ ~시까지 도착하다 / get ~ ~에 당도하다 / on time 제시간에

▶

▶

② 아래의 문장을 스스로 영작해 보고, 정답 확인 후 다시 한 번 써 보세요.

나 집에 여권을 놓고 와서 곤경에 처했었는데.
엄마가 여권을 시간 맞춰 공항으로 갖고 오셨어.

어휘: forget one's passport 여권을 놓고 오다 / in time (늦지 않게) 시간 맞춰

▶

정답: I was in a pickle when I forgot my passport at home,

but my mom brought it to the airport in time.

▶

090

In
a pinch

꼬집혀 있는 상태인? (X)

유사시(비상시), 정 필요하면

'in a pinch'라는 표현은 1400년대 후반 즈음 유래되었다고 전해집니다. pinch는 보통 사람들이 '꼬집다, 꼬집음, 자밤(엄지와 검지 두 손가락으로 한 번 집을 만한 분량)'을 뜻한다고 알고 있는데 pinch엔 'difficulty(어려움)'이라는 뜻도 있기 때문에 'in a pinch'는 '어려움에 처한'이라고 해석 가능하며, 이것이 더 나아가 'in a pinch = 어려움에 직면하여 대체제나 대안을 활용해 조치를 취해야 하는 상황인 → 유사시, 비상시, (어려움에 처한 상황에서 이를 해결할 수 있도록 활용할 대체제나 대안이) 정 필요하면'과 같은 의미로 확장되었다고 생각해 볼 수 있습니다. 참고로 영국에서는 'in' 대신 'at'을 써서 'at a pinch'라고 합니다.

① 아래의 예문을 읽고 두 번씩 써 보며 표현의 쓰임새를 정확히 파악하세요.

In a pinch, you can use a scarf to cover your hair when you don't have an umbrella.

유사시, 너한테 우산이 없을 경우엔
스카프를 써서 머리를 가릴 수 있어.

어휘: cover one's hair 머리를 가리다 / have an umbrella 우산이 있다

▶ _____

_____

▶ _____

_____

② 아래의 문장을 스스로 영작해 보고, 정답 확인 후 다시 한 번 써 보세요.

정 필요하면, 저 토요일에 일할 수도 있어요. 저 이거
아직도 하고 있는데 이걸 끝내기엔 일주일은 부족해요.

어휘: a week 일주일 / A is not enough to V ~하기에 A는 부족하다

▶ _____

_____

정답: In a pinch, I could work on Saturday. I'm still working on it

and a week is not enough to finish it.

▶ _____

_____

081 좀 기다려, 왜 이렇게 서두르는 거야?

나 1분이면 점심 먹으러 나갈 준비 다 돼.

▶

082 이 문제는 일단 미뤄 두고

다음 주에 결정할 때까지 기다리기로 합시다.

▶

083 그건 누구도 얘길 꺼내고 싶어 하지 않는 함구 사안이지만,

우리 모두 이걸 마냥 회피할 수만은 없어요.

▶

084 저희 측에서 회계상 실수를 몇 개 발견했어요.

이게 그저 빙산의 일각이 아니었길 빕시다.

▶

085 나 Chris랑 다시 사귀게 됐는데 아무도 이건 모르고 있어.

이거 비밀로 해 줘.

▶

086 이거 원래 깜짝 파티일 예정이었는데

개가 이걸 다 알아 버렸어. 누가 발설한 거야?

▶

087 Kevin, 노래 좀 그만해. 나 TV 보려고 하고 있잖아.

너무 시끄러워. 조용히 좀 해.

▶

088 그 사람 교통사고를 당했는데

수술 후에 생명이 위태로운 상황이었어.

▶

089 나 집에 여권을 놓고 와서 곤경에 처했었는데,

엄마가 여권을 시간 맞춰 공항으로 갖고 오셨어.

▶

090 정 필요하면, 저 토요일에 일할 수도 있어요.

저 이거 아직도 하고 있는데 이걸 끝내기엔 일주일은 부족해요.

▶

정답 확인

081 Hold your horses, why are you in such a hurry?
I'll be ready to go to lunch in a minute.

082 Let's kick the can down the road
and wait until next week to decide.

083 That is the elephant in the room no one wants to bring up,
but we can't avoid it forever.

084 We found some accounting mistakes.
Let's just hope that wasn't the tip of the iceberg.

085 I got back together with Chris but no one knows this.
Please keep it under your hat.

086 It was supposed to be a surprise party
but he(she) knew about it. Who spilled the beans?

087 Kevin, stop singing. I'm trying to watch TV.
It's too loud. Put a sock in it.

088 He(She) got into a car accident
and his(her) life hung by a thread after the operation.

089 I was in a pickle when I forgot my passport at home,
but my mom brought it to the airport in time.

090 In a pinch, I could work on Saturday.
I'm still working on it and a week is not enough to finish it.

CHAPTER

10

091

Out
of the
woods

숲을 벗어난? (X)

위기(위험)에서 벗어난, 고비를 넘긴

'out of the woods'라는 표현에서 'woods(숲)'은 '위험, 위기'를 뜻합니다. 숲에서는
위험한 동물의 공격을 받을 수도 있고, 혹은 남들의 눈길이 닿지 않는 숲과 같은 곳에
숨어 범죄를 저지르려고 하는 사람들의 범행 대상이 될 수도 있습니다. 따라서 이 같
은 위험이 도사리고 있는 숲을 벗어나 '바깥에(out)' 있는 것은 결국 위기나 위험을 벗
어나는 것이라고 생각할 수 있습니다. 이 표현은 로마 시대부터 쓰이기 시작했다고
전해지며, 1800년엔 Abigail Adams(미국 2대 대통령 John Adams의 부인)이
Benjamin Franklin에게 보내는 편지에도 쓰였다고 전해집니다. 참고로 영국에서는
'out of the wood'라고 표현합니다.

① 아래의 예문을 읽고 두 번씩 써 보며 표현의 쓰임새를 정확히 파악하세요.

The patient is out of the woods and I expect him(her) to make a full recovery in about a week.

환자분은 고비를 넘기셨고 제 예상엔
대략 1주일 후 완전히 회복되실 겁니다.

어휘: I expect ~ 내 예상엔 ~이다 / make a full recovery 완전히 회복하다

▶

▶

② 아래의 문장을 스스로 영작해 보고, 정답 확인 후 다시 한 번 써 보세요.

그게 우리가 완전히 위험에서 벗어났다는 의미는
아니야. 우린 여전히 조심해야 해.

어휘: that doesn't mean ~ 그게 ~라는 의미는 아니다 / be careful 조심하다

▶

정답: That doesn't mean we're completely out of the woods.

We still need to be careful.

▶

235

Between a rock and a hard place

암벽과 험난한 곳 사이에 있는? (X)

이러지도 저러지도 못하는, 진퇴양난인

'between a rock and a hard place'는 Odyssey에 등장하는 괴물로부터 유래되었다고 합니다. 이타카의 왕이었던 Odysseus가 트로이 전쟁에서 승리한 뒤 해협을 가르며 귀향하던 중, 그는 해협의 '암벽(rock)' 구멍에 살며 해협을 지나는 선원들을 잡아먹던 괴물 Scylla와 바로 그 건너편에 살던 소용돌이 괴물 Charybdis가 있던 '험난한 곳(hard place)' 사이를 통과해야만 했다고 합니다. 자, 이 같은 최악의 상황 '사이에(between)' 껴서 이러지도 저러지도 못하고 있는 Odysseus의 모습이 상상이 되시나요? 바로 이로부터 'between a rock and a hard place = 이러지도 저러지도 못하는, 진퇴양난인'이라는 표현이 유래되었다고 합니다.

① 아래의 예문을 읽고 두 번씩 써 보며 표현의 쓰임새를 정확히 파악하세요.

I really don't know what to do. I'm kind of stuck between a rock and a hard place.

나 뭘 어찌해야 할지 정말 모르겠어.
대략 이러지도 저러지도 못하고 있는 상태야.

어휘: be stuck between ~ ~ 사이에 끼다, ~인 상태에 갇히다(처하다)

▶

_____

_____

▶

_____

_____

② 아래의 문장을 스스로 영작해 보고, 정답 확인 후 다시 한 번 써 보세요.

그 사람은 손 안에 딜레마를 쥐고 있어.
이러지도 저러지도 못하는 진퇴양난에 빠진 격이지.

어휘: have a dilemma on one's hands ~의 손 안에 딜레마를 쥐고 있다

▶

_____

정답: He(She) has a dilemma on his(her) hands.
He's(She's) between a rock and a hard place.

▶

_____

_____

093

Sit on the fence

울타리 위에 앉다? (X)

결정하지 못하다, 중립을 취하다

'sit on the fence'라는 표현은 실제 두 사유지를 가로지르며 경계를 만드는 '울타리 (fence)'에서 비롯되었다고 전해집니다. 자, 울타리를 경계로 왼쪽엔 A라는 땅이, 오른쪽엔 B라는 땅이 있는데 그 울타리 위에 '앉아서(sit)' A와 B 둘 중 그 어느 곳에도 발을 딛지 않고 있는 장면을 상상해 보세요. 어느 쪽에 서 있을지 아무런 결정도 내리지 않고 이도 저도 아닌 중립적인 태도를 취하고 있다는 느낌이 들지 않나요? 따라서 이로부터 'sit on the fence = (울타리로 나눠진 두 땅 중 어디에 서 있을지 결정하지 않고) 울타리 위에 앉다 = 결정하지 못하다, 중립을 취하다'라는 표현이 유래되었다고 보시면 됩니다.

① 아래의 예문을 읽고 두 번씩 써 보며 표현의 쓰임새를 정확히 파악하세요.

He(She) usually tends to sit on the fence **so I was surprised when he(she) made a quick decision.**

개는 보통 결정을 잘 못하는 편이라
나 걔가 그렇게 빠른 결정을 내렸을 때 놀랐어.

어휘: tend to V ~하는 편이다 / make a quick decision 빠른 결정을 내리다

▶

② 아래의 문장을 스스로 영작해 보고, 정답 확인 후 다시 한 번 써 보세요.

네 친구 두 명이 다툴 땐 중립을 취하면서 어느 한쪽도
네게 등 돌리지 않도록 만드는 게 제일 좋아.

어휘: argue 논쟁하다, 다투다 / turn against someone ~에게 등을 돌리다

▶

정답: When two of your friends argue, it is best to sit on the fence

and not make either of them turn against you.

▶

094

Put something on the back burner

뭔가를 뒤쪽 버너에 올려 놓다? (X)

~을 보류하다, ~을 뒤로 미루다

'put something on the back burner'라는 표현은 가스레인지, 즉 '스토브(stove)'에서 유래된 표현이라 보시면 됩니다. 1900년대 중반 즈음 '버너(burner)' 4개가 장착된 스토브가 유행하기 시작했다고 하는데, 이를 이용해서 요리할 땐 손이 많이 가는 메인 요리는 '앞쪽 버너(front burner)', 그에 비해 손이 상대적으로 덜 가는 주변 요리는 '뒤쪽 버너(back burner)'에 놓고 요리했다고 합니다. 따라서 이로부터 'put something on the back burner'라는 표현이 '(메인 요리를 우선적으로 요리하고 주변 요리는 그 뒤에 요리하기 위해) ~을 뒤쪽 버너에 올려 놓다 = ~을 보류하다, 뒤로 미루다'라는 뜻이 되었다고 보시면 됩니다.

① 아래의 예문을 읽고 두 번씩 써 보며 표현의 쓰임새를 정확히 파악하세요.

That isn't a top priority and we have bigger issues to deal with. So let's put that on the back burner.

그건 최우선 사항도 아니고 우린 처리해야 할
더 큰 일들이 있어요. 그러니 그 건은 보류해 두기로 합시다.

어휘: top priority 최우선 사항 / deal with ~ ~(일, 문제 등)을 다루다(처리하다)

▶

▶

② 아래의 문장을 스스로 영작해 보고, 정답 확인 후 다시 한 번 써 보세요.

보스가 이 프로젝트에 관심이 없는 것 같아요.
제 생각에 이 건은 그냥 좀 더 뒤로 미뤄도 될 듯합니다.

어휘: interested in ~ ~에 관심 있는 / I get the feeling ~ 내 생각에 ~인 것 같다

▶

정답: The boss doesn't seem interested in this project. I get the
feeling we can just put it on the back burner a while longer.

▶

095

Miss
the
boat

배를 놓치다? (X)

좋은 기회(때)를 놓치다

'miss the boat'라는 표현은 '여객기(commercial airplane)'가 교통 수단으로 등장하기 전인 1900년대 초반 미국에서 쓰이기 시작했다고 전해집니다. 여객기 이전엔 '배(boat)'나 '버스(bus)' 등이 일반적인 교통 수단이었는데, 탑승하기로 한 배가 이미 떠난 뒤에 항구에 도착하면 자신이 탔어야 할 배를 '놓치게(miss)' 되어 목적지에 제때이를 수 없게 됩니다. 따라서 이로부터 'miss the boat = (제때 탔어야 할) 배를 놓치다 = (놓치지 말았어야 할) 기회/때를 놓치다'라는 표현이 유래되었다고 보시면 됩니다. 참고로 이와 비슷한 표현으로는 'boat' 대신 'bus'를 사용한 'miss the bus'라는 표현이 있습니다.

① 아래의 예문을 읽고 두 번씩 써 보며 표현의 쓰임새를 정확히 파악하세요.

I missed the boat and didn't apply
for the manager job in time. I'm angry at myself.

나 때를 놓쳐서 관리직에 제때 지원하지 못했어.
내 자신에게 화가 나네.

어휘: apply for ~ ~에 지원하다 / angry at oneself 스스로에게 화가 나다

▶

▶

② 아래의 문장을 스스로 영작해 보고, 정답 확인 후 다시 한 번 써 보세요.

이번이 이걸 절반 가격에 살 수 있는 마지막 기회입니다.
이 좋은 기회를 놓치지 마세요.

어휘: last chance to V ~할 수 있는 마지막 기회 / at half price 절반 가격에

▶

| 정답: This is the last chance to get it at half price. |
| You don't want to miss the boat. |

▶

096

Burst one's bubble

누군가의 비누방울을 터뜨리다? (X)

~의 희망(행복)을 깨다

'burst one's bubble'이란 표현의 유래에 대해선 정확히 알려진 바가 없지만, 이 표현
은 아이들이 '비누방울(bubbles)'을 불며 노는 것을 떠올리면 이해하기가 쉽습니다.
아이들은 비누방울을 최대한 크게 불어서 이것이 오랫동안 공중을 떠 다니게 하는 놀
이를 하곤 하는데요. 그런데 이 비누방울은 나중에 바닥이나 벽에 부딪혀 결국 '터져
버리게(burst)' 됩니다. 그러면 아이들은 당연히 '쳇, 결국은 터져 버렸네'라고 생각하
며 실망하게 되겠죠? 따라서 이로부터 'burst one's bubble = (열심히 크게 불어서
만든) 비누방울을 터뜨리다 (그래서 낙심하다) = ~의 희망(행복)을 깨다'라는 표현이
유래되었다고 보시면 됩니다.

① 아래의 예문을 읽고 두 번씩 써 보며 표현의 쓰임새를 정확히 파악하세요.

I hate to burst your bubble, but there's no way to get a ticket for the concert.

네 희망을 깨고 싶진 않지만, 그 콘서트 표를
구할 수 있는 방법이 전혀 없어.

어휘: hate to V ~하기 싫다 / there's no way to V ~할 방법이 전혀 없다

▶

▶

② 아래의 문장을 스스로 영작해 보고, 정답 확인 후 다시 한 번 써 보세요.

사업이 정말 잘 되고 있어.
난 그저 이 행복을 깨뜨릴 어떤 일도 안 생겼으면 해.

어휘: be doing very well 매우 잘 되고 있다 / happen (어떠한 일이) 생기다

▶

정답: The business is doing very well.

I just hope nothing happens to burst my bubble.

▶

097

Elvis has left the building

Elvis가 건물을 떠났다? (X)

(공연, 경기, 일 등이) 다 끝났다

'Elvis has left the building'이라는 표현은 실제 Elvis Presley라는 인기 가수가 1956
년경에 펼친 Louisiana Hayride show라는 공연에서 사회자가 청중들에게 Elvis가
'건물(building)'을 이미 '떠났으니(has left)' 공연은 완전히 끝났다고 말한 것에서 유
래되었다고 합니다. 당시 Elvis 공연의 사회자는 Elvis가 앵콜곡을 부르러 다시 무대로
돌아오길 갈망하는 청중들에게 '공연은 완전히 끝났다'는 메시지를 확실히 전달하고
자 'Elvis has left the building(Elvis는 이미 건물(공연장)을 떠났습니다)'라고 말했고,
훗날 이 표현은 Elvis의 공연뿐만 아니라 각종 공연, 경기, 일 등이 '다 끝났다'고 말할
때 쓰이기 시작했다고 합니다.

① 아래의 예문을 읽고 두 번씩 써 보며 표현의 쓰임새를 정확히 파악하세요.

I thought it was supposed to end at 10 p.m.
but why has Elvis left the building so soon?

전 이게 밤 10시에 끝나는 거라고 생각했었는데
왜 이렇게 빨리 마무리된 거죠?

어휘: be supposed to V ~하기로 예정되다 / end 끝나다 / soon 곧, 빨리

▶

▶

② 아래의 문장을 스스로 영작해 보고, 정답 확인 후 다시 한 번 써 보세요.

우리 그 사람이 앵콜곡을 부르길 기다렸는데
공연이 이미 다 끝난 것 같아.

어휘: wait for someone to V ~가 ~하길 기다리다 / it seems ~ ~인 것 같다

▶

정답: We waited for him(her) to sing an encore

but it seems Elvis has left the building.

▶

098

Get the sack

자루를 가져가다? (X)

해고되다, 목이 날아가다

'get the sack'이란 표현은 17세기경 프랑스에서 유래되었다고 전해집니다. 그 당시 노동자들은 자신들이 일터에서 쓰는 연장을 '자루(sack)'에 넣어서 가지고 다녔는데, 일을 그만두게 되면 당연히 이 연장이 든 자루를 '가지고(get)' 나갔습니다. 따라서 이로부터 'get the sack = (일을 그만두게 되어 연장이 든) 자루를 가지고 가다 = 해고되다, 목이 날아가다'라는 표현이 나왔다고 보시면 됩니다. 그리고 이와 비슷한 표현으로는 예전에 사형수가 쓰던 '도끼(ax)'를 활용한 'get the ax'라는 표현이 있는데, 이 표현은 '사형수가 도끼로 사람의 생명을 끝내는 것 = 직장에서 일을 그만하게 되는 것'에서 유래되었다고 보시면 됩니다.

① 아래의 예문을 읽고 두 번씩 써 보며 표현의 쓰임새를 정확히 파악하세요.

I'm going to get the sack. I made the same mistake again and I don't expect to be forgiven.

난 해고될 거야. 나 같은 실수를 또 저질렀는데
용서 받을 거란 기대 안 해.

어휘: make the same mistake 같은 실수를 저지르다 / be forgiven 용서 받다

▶

▶

② 아래의 문장을 스스로 영작해 보고, 정답 확인 후 다시 한 번 써 보세요.

그 매니저는 부진한 실적 때문에
지난달 말에 해고됐어요.

어휘: at the end of last month 지난달 말에 / poor performance 부진한 실적

▶

정답: The manager got the sack at the end of last month

for poor performance.

▶

099

Kick
the
bucket

양동이를 발로 차다? (X)

죽다

'kick the bucket'이란 표현의 유래로는 몇 가지 설이 있는데, 그 중 하나로는 수백 년 전 '흑사병(Black Plague)'이 돌던 시절에 사람들이 병으로 인한 고통을 피하고자 올가미를 목에 걸고 '양동이(bucket)'에 올라선 후 이를 '발로 차서(kick)' 줄에 매달려 목숨을 끊은 것에서 'kick the bucket = (죽으려고) 양동이를 발로 차다 = 죽다'가 유래되었다는 설이 있습니다. 하지만 일부에서는 그게 아니라 16세기경 영국에서 bucket이 '짐승을 매달아 도살할 때 쓰던 기둥'을 뜻하기도 했는데 짐승이 이 bucket에 매달려 도살될 때 버둥거리면서 bucket을 발로 찼기 때문에 여기서 'kick the bucket = 죽다'가 유래되었다는 설도 있습니다.

① 아래의 예문을 읽고 두 번씩 써 보며 표현의 쓰임새를 정확히 파악하세요.

I heard that all the money goes to him(her)
when the old man kicks the bucket.

내가 들었는데 그 사람 아버지가 돌아가시면
모든 돈이 다 그 사람에게로 갈 거래.

어휘: 누군가의 아버지나 남편 등을 부를 때 'old man'이라 지칭하기도 함

▶

▶

② 아래의 문장을 스스로 영작해 보고, 정답 확인 후 다시 한 번 써 보세요.

어떤 식물이든 내가 키우면
왜 일주일 만에 죽는지 정말 궁금해.

어휘: I wonder why ~ 왜 ~인지 궁금하다 / A under my care 내가 키우는 A

▶

정답: I wonder why any plant under my care kicks the bucket

in just about a week.

▶

100

Sleep tight

꽉 조여져서 잠을 자라? (X)

꿀잠, 푹잠

'sleep tight'라는 표현의 유래와 관련해 한 가지 재미있는 설이 있습니다. 바로 수백 년 전엔 '밧줄(rope)'을 엮어서 만든 틀 위에 매트리스를 놓는 식으로 침대가 설계되었는데, 시간이 지나면 이 밧줄이 느슨해져 매트리스를 탄탄히 받치지 못하게 되기 때문에 이 밧줄을 '팽팽하게(tight)' 다시 조여야 매트리스가 잘 받쳐져 잠을 푹 잘 수 있게 되므로 'sleep tight'가 '잘 자, 푹 자'라는 뜻이 되었다는 설입니다. 하지만 항간 에서는 'sleep tight'의 'tight'가 'night(밤)'과 발음이 비슷해 여기서 파생된 표현이라는 말도 있고, 혹은 'tight'가 'soundly(깊이, 곤히)'라는 뜻이 있기 때문에 'sleep tight = 잘 자, 푹 자'라는 말도 있습니다.

① 아래의 예문을 읽고 두 번씩 써 보며 표현의 쓰임새를 정확히 파악하세요.

You have to get up early tomorrow, right?
It's time to go to bed. Sleep tight and sweet dreams.

너 내일 일찍 일어나야 하는 거 맞지?

이제 자러 갈 때가 됐다. 잘 자고 좋은 꿈꿔.

어휘: get up 일어나다 / go to bed 자러 가다 / sweet dreams 좋은 꿈꿔

▶

▶

② 아래의 문장을 스스로 영작해 보고, 정답 확인 후 다시 한 번 써 보세요.

너 정말 힘든 하루를 보낸 것처럼 보인다.

일찍 자러 가. 잘 자고 푹 쉬어.

어휘: have a difficult day 힘든 하루를 보내다 / get a good rest 푹 쉬다

▶

정답: You look like you had a very difficult day. Go to bed early.

Sleep tight and get a good rest.

▶

TEST 091-100

091 환자분은 고비를 넘기셨고 제 예상엔

　　대략 1주일 후 완전히 회복되실 겁니다.

▶

092 나 뭘 어찌해야 할지 정말 모르겠어.

　　대략 이러지도 저러지도 못하고 있는 상태야.

▶

093 걔는 보통 결정을 잘 못하는 편이라

　　나 걔가 그렇게 빠른 결정을 내렸을 때 놀랐어.

▶

094 그건 최우선 사항도 아니고 우린 처리해야 할

　　더 큰 일들이 있어요. 그러니 그 건은 보류해 두기로 합시다.

▶

095 이번이 이걸 절반 가격에 살 수 있는 마지막 기회입니다.

　　이 좋은 기회를 놓치지 마세요.

▶

096 네 희망을 깨고 싶진 않지만,

그 콘서트 표를 구할 수 있는 방법이 전혀 없어.

▶

097 우리 그 사람이 앵콜곡을 부르길 기다렸는데

공연이 이미 다 끝난 것 같아.

▶

098 그 매니저는 부진한 실적 때문에

지난달 말에 해고됐어요.

▶

099 어떤 식물이든 내가 키우면

왜 일주일 만에 죽는지 정말 궁금해.

▶

100 너 정말 힘든 하루를 보낸 것처럼 보인다.

일찍 자러 가. 잘 자고 푹 쉬어.

▶

정답 확인

091 The patient is out of the woods and I expect him(her)
to make a full recovery in about a week.

092 I really don't know what to do.
I'm kind of stuck between a rock and a hard place.

093 He(She) usually tends to sit on the fence
so I was surprised when he(she) made a quick decision.

094 That isn't a top priority and we have bigger issues to deal with.
So let's put that on the back burner.

095 This is the last chance to get it at half price.
You don't want to miss the boat.

096 I hate to burst your bubble,
but there's no way to get a ticket for the concert.

097 We waited for him(her) to sing an encore
but it seems Elvis has left the building.

098 The manager got the sack at the end of last month
for poor performance.

099 I wonder why any plant under my care kicks the bucket
in just about a week.

100 You look like you had a very difficult day.
Go to bed early. Sleep tight and get a good rest.

INDEX
100

앞서 배운 고급진 회화 표현 100개를 한눈에 훑어보며 잘 기억나지 않는 표현이 있을 경우 각 표현 옆에 있는 박스(□)에 체크(∨) 표시를 한 뒤 해당 페이지로 돌아가 복습하도록 하세요.

A

B

C

I

J

K

L

S

T

U

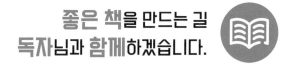

좋은 책을 만드는 길
독자님과 함께하겠습니다.

영어 좀 한다는 소리 듣는 고급진 회화 표현 100

초 판 발 행	2020년 02월 07일
발 행 인	박영일
책 임 편 집	이해욱
저　　　자	SD어학연구소
영 문 감 수	Kevin Mulligan
편 집 진 행	신기원
표지디자인	손가인
편집디자인	임아람
일 러 스 트	김소은
발 행 처	시대인
공 급 처	(주)시대고시기획
출 판 등 록	제 10-1521호
주　　　소	서울시 마포구 큰우물로 75 [도화동 538 성지 B/D] 9F
전　　　화	1600-3600
팩　　　스	02-701-8823
홈 페 이 지	www.edusd.co.kr
I S B N	979-11-254-6771-1(13740)
정　　　가	13,000원